기독교문서선교회 (Christian Literature Center: 약칭 CLC)는 1941년 영국 콜체스터에서 켄 아담스에 의해 시작되었으며 국제 본부는 미국 필라델피아에 있습니다. 국제 CLC는 59개 나라에서 180개의 본부를 두고, 약 650여 명의 선교사들이 이동도서차량 40대를 이용하여 문서 보급에 힘쓰고 있으며 이메일 주문을 통해 130여 국으로 책을 공급하고 있습니다. 한국 CLC는 청교도적 복음주의 신학과 신앙서적을 출판하는 문서선교기관으로서, 한 영혼이라도 구원되길 소망하면서 주님이 오시는 그날까지 최선을 다할 것입니다.

교회는 4차 산업혁명을 어떤 관점에서 바라보고 어떻게 대응해야 하는가에 대해 저자는 탁월한 지혜를 보여 준다. 저자는 4차 산업혁명의 여러 가지 기술 분야의 발전 동향을 꿰뚫고 있다. 그뿐만 아니라 성경적인 관점에서 이러한 기술과 사회의 변화를 분석하는 통찰이 놀랍다. 이 책이야말로 경영학자이자 신학자인 저자의 장점이 잘 융합된 결과물이다. 한국 교회가 이 책을 통해 4차 산업혁명을 바라보는 좋은 성경적 관점을 갖게 되기를 기대한다.

강웅산 / 총신대학교 신학대학원 조직신학 교수

* * * * *

4차 산업혁명의 변화에 대한 기독교의 대응이 시급한 시점에서 가장 시의적절하게 이 책이 출간되어 매우 고무적이다. 4차 산업혁명은 과학기술이 지금까지 인류 역사에 끼친 변화의 속도와는 비교할 수 없을 정도로 아주 빠르고 광범위하게 우리의 삶에 영향을 미칠 것으로 예상된다. 이 변화를 준비하기 위하여 목회자와 성도들, 특별히 4차 산업혁명 시대 한가운데 살아갈 대학생과 청년들이 이 책을 차분히 정독할 것을 권유한다.

김기석 / 4차 산업혁명과 기독교포럼 공동대표,
한동대학교 전산전자공학부 교수

인간이 창조주를 거스르듯 인공지능이 인간을 거스를 수도 있는 가능성이 대두된다. 저자는 이처럼 기술이 그 자체로 신학적 의미를 갖게 되는 특이점이 오고 있다는 우려에 우리를 대비시킨다. 또 유물론이 지배하는 플랫폼 만능시대에 교회를 플랫폼으로 접근하고, 종말론을 유물론적 플랫폼들의 네트워크와 그리스도와의 연합 네트워크와의 격돌로 전망하는 저자의 혜안이 놀랍다. 저자는 교회라는 플랫폼에 스마트한 선교/목회/연합을 도입함으로 기술을 축복으로 변혁시키는 문화적 소명을 신학과 경영학이라는 양날의 검으로 그 누구보다 탁월하게 열어간다.

김 준 성 / 서울 과학원교회 담임목사

* * * * *

4차 산업혁명 시대에 대해 기독교적 관점을 정리한 체계적인 글이 없는 터에 시의적절한 책이다. 경영학자이자 조직신학자인 저자는 4차 산업혁명에 대해 신학자로서 비관만 하는 것도, 경영학자로서 낙관만 하는 것도 아닌, 균형 잡힌 시각을 제시한다. 인간의 타락한 본성을 간과하지 않으면서도 하나님의 형상으로서 인간의 가능성 또한 간과하지 않는다. 과학적 배경이 없는 사람이라도 4차 산업혁명의 양면성을 가늠하게 해 주는 탁월한 책이다.

양 승 훈 / 밴쿠버기독교세계관대학원(VIEW) 원장

우리 삶의 모든 부분에 큰 영향을 주는 4차 산업혁명 시대를 이끌어 가시는 분은 하나님이시다. 그러나 우리는 기독교와 이 시대를 연관 지어 이해하지 못하고 있다. 이 시대를 기독교인의 관점에서 조망해 보는 것은 기술의 청지기로 부름 받은 우리들에게 꼭 필요한 일이라 생각된다. 이런 시대적 소명에 따라 그리스도인으로 이 시대를 어떻게 바라보고 이해해야 하는지에 대해 올바른 방향을 제시해 주는 좋은 책이 나온 것을 축하한다. 참 감사하다.

이 수 정 / ㈜이포넷 대표, FMnC 선교회 이사

* * * * *

세계가 엄청나게 빨리 변하고 있다. 이러한 혁명적인 변화를 많은 사람들이 '4차 산업혁명'이라고 부른다. 그리스도인들은 혁명적 변화의 세상을 하나님의 시각으로 꿰뚫어 보고 미래를 준비해야 한다. 그러나 지금 기독교적인 관점에서 4차 산업혁명을 조망한 책을 찾기가 힘들다. 이 책은 가뭄에 단비와 같은 책이다. 저자가 경영학자와 신학자로 이 시대를 읽고, 하나님의 관점을 제시한 이 책을 통해 독자들이 미래를 준비하는 하나님의 사람이 되길 권한다.

전 생 명 / (前) FMnC(Frontier Mission & Computer) 선교회 대표

Christian Life in the Age of the Fourth Industrial Revolution
Written by Yoonseok Lee

All rights reserved.
Korean Edition Copyright © 2018 by Christian Literature Center, Seoul, Korea.

4차 산업혁명과 그리스도인의 삶

2018년 9월 30일 초판 발행
2018년 12월 30일 초판 2쇄 발행

지 은 이	이윤석
편 집	정혜경
디 자 인	전지혜
펴 낸 곳	사)기독교문서선교회
등 록	제16-25호(1980. 1. 18)
주 소	서울특별시 서초구 방배로 68
전 화	02-586-8761~3(본사) 031-942-8761(영업부)
팩 스	02-523-0131(본사) 031-942-8763(영업부)
이 메 일	clckor@gmail.com
홈 페 이 지	www.clcbook.com

ISBN 978-89-341-1873-2 (93230)

이 도서의 국립중앙도서관 출판예정 도서목록(CIP)은
서지정보유통지원시스템 홈페이지(http://seoji.nl.go.kr)와 국가자료공동목록시스템
(http://www.nl.go.kr/kolisnet)에서 이용하실 수 있습니다. (CIP제어번호: CIP2018028394)

이 책의 저작권은 저자와 (사)기독교문서선교회가 소유합니다.
신저작권법에 의하여 한국 내에서 보호받는 저작물이므로 무단 전재와 무단 복제를
금합니다.

4차 산업 혁명과 그리스도인의 삶

이 윤 석 지음

CLC

차례

· 추천사

강웅산(총신대학교 신학대학원 조직신학 교수)
김기석(4차 산업혁명과 기독교포럼 공동대표, 한동대학교 전산전자공학부 교수)
김준성(서울 과학원교회 담임목사)
양승훈(밴쿠버기독교세계관대학원(VIEW) 원장)
이수정(㈜이포넷 대표, FMnC 선교회 이사)
전생명((前) FMnC(Frontier Mission & Computer) 선교회 대표)

· 저자 서문　　　　　　　　　　　　　　　　　　　10

제1장
4차 산업혁명, 교회는 이제 막 준비를 시작하다　18

1. 4차 산업혁명을 대비하는 기독교계의 활동　　20
2. 4차 산업혁명을 대비하여 기독교계가 해야 할 일　24
3. 신학적 관점들의 정리가 필요하다　　　　　　26

제2장
4차 산업혁명 시대의 하나님, 입지가 위축되다　32

1. 하나님에게 있는 속성들　　　　　　　　　　33
2. 4차 산업혁명 시대의 도전　　　　　　　　　37
3. 우리는 어떻게 해야 하는가?　　　　　　　　43

제3장
4차 산업혁명 시대의 창조, 인간도 세상을 창조하다   50

1. 하나님의 자연 세계 창조의 특징   52
2. 인간의 가상 세계 창조의 특징   55
3. 가상 세계의 기회와 위협   60
4. 에덴동산의 실패를 반복해서는 안 된다   66

제4장
4차 산업혁명 시대, 인간도 드디어 자신의 형상을 창조하다   72

1. 하나님의 형상을 따라 만들어진 인간   74
2. 인간의 형상을 따라 만들어진 인공지능 로봇   76
3. 인공지능 로봇이 가져오는 기회와 위협   79
4. 하나님의 창조 질서를 따르는 창조   82

제5장
4차 산업혁명 시대의 인간, 유물론에 빠지다   88

1. 과거의 인류 진화에 대한 유발 하라리의 관점   89
2. 미래의 인류 진화에 대한 유발 하라리의 전망   92
3. 성경적 관점에서의 유발 하라리의 인간관 비판   100
4. 그리스도인이 가져야 할 자세   104

제6장
4차 산업혁명 시대, 기술이 구원한다   110

1. 하나님이 타락한 인류에게 제시하신 구원의 길   111
2. 과학주의와 유물론에 경도되어 있는 4차 산업혁명 시대   114
3. 기술이 가져다주는 천국, 그리고 구원   118
4. 기술이 가져다주지 못하는 진짜 천국과 진짜 구원   120

제7장
4차 산업혁명 시대의 교회, 플랫폼 경쟁에 놓이다   126

1. 4차 산업혁명 시대의 주요 플랫폼들   127
2. 교회, 플랫폼 경쟁 상황에 처하다   131
3. 호모 데우스 네트워크   135
4. 그리스도와의 연합 네트워크   137

제8장
4차 산업혁명 시대의 종말, 진화론의 끝판왕이다   144

1. 성경이 말하는 종말론   146
2. 개인의 종말에 대한, 4차 산업혁명에 근거한, 진화론적 이해   148
3. 역사의 종말에 대한, 4차 산업혁명에 근거한, 진화론적 이해   151
4. 그리스도인의 대응   154

제9장
4차 산업혁명 시대의 그리스도인, 막중한 문화적 사명을 부여받다 160

1. 교회와 세상 문화와의 관계　　　　　　　　　　　　　　161
2. 4차 산업혁명의 동인　　　　　　　　　　　　　　　　　166
3. 그리스도인의 문화적 사명　　　　　　　　　　　　　　170

제10장
4차 산업혁명 시대, 스마트 선교가 시작되다　　　　178

1. 4차 산업혁명과 제4의 선교 물결　　　　　　　　　　　179
2. 어떤 선교 과업을 중요하게 여겨야 하는가?　　　　　　182
3. 4차 산업혁명 시대에 요구되는 선교 과업　　　　　　　186
4. 4차 산업혁명 시대의 선교는 쉬울까, 어려울까?　　　　192

제11장
4차 산업혁명, 두려워하지 말고 그리스도의 충만을 구하라 198

1. 세상은 '참 빛'을 알지 못했고, 알려고 하지 않는다　　　200
2. 영접하는 자들은 하나님의 자녀가 되는 권세를 갖는다　203
3. 그리스도의 충만으로부터 우리는 모든 좋은 것을 받는다　206
4. 탁월하신 예수 그리스도를 의뢰하라　　　　　　　　　208
5. 두려워하지 말고 그리스도의 충만을 구하라　　　　　　210

· 참고문헌　　　　　　　　　　　　　　　　　　　　　　214

저자 서문

'4차 산업혁명'이라는 새로운 시대가 우리 앞에 다가왔다. 얼핏 보면 IT 기술이 이 혁명을 주도하고 있는 것처럼 보이지만 4차 산업혁명은 IT 기술뿐 아니라 여러 분야의 기술들이 통합되면서 전대미문의 시대를 열 것으로 보인다.

세상은 4차 산업혁명과 관련된 수많은 책을 쏟아내고 있다. 그러나 안타깝게도 4차 산업혁명을 기독교와 관련지어 논의를 전개하는 책은 찾아보기가 쉽지 않다. 거대한 기술혁명을 맞이하는 그리스도인들에게 이 시대를 바르게 살아갈 수 있도록 해 줄 하나님의 지혜와 지식이 분명히 필요한 상황인데 아직 우리의 노력은 역부족이다.

이 책은 이제 막 시작된 4차 산업혁명 시대를 살아가는 그리스도인들에게 이 시대를 어떻게 보아야 하는지, 이 시대와 관련된 신학적 논쟁점으로 어떤 것들이 있을지, 그리스도인들은 이 시대를 어떻게 살아야 하는지 등에 대해 다루고자 하였다.

4차 산업혁명 시대를 신학적으로 성찰하는 이 작업은 생각보다 훨씬 더 쉽지 않았다. 그래서 이 책에서 내가 다루고 있는 내용도 정교하고 깊이 있는 결과물이라기보다는, 다른 사람들보다 먼저 얼마간 앞서서 고민한 약간의 흔적이라고 보는 것이 더 적절하다. 아무것도 없는 상태에서 치열한 고민을 거쳐 나온 몇 개의 돌덩이 같은 것이지만, 그래도 이것들이 이 문제로 고민하며 답을 찾고자 하는 분들에게 몇 걸음 더 나갈 수 있게 하는 디딤돌 역할을 할 수 있기를 바란다.

이 책이 탄생하게 된 것은 결코 우연이 아니다. 나는 원래 경영학자였지만, 2006년에 총신대학교 신학대학원에 입학하여 신학 공부를 시작하면서부터 2016년 말에 조직신학을 전공으로 박사학위 논문을 완료하기까지 11년간 경영학 분야에 대해서는 거의 손을 놓고 있었다. 그래서 사실 4차 산업혁명이라는 큰 변화가 수년 전부터 일어나고 있었어도 그것을 인지하지 못했다. 조직신학 분야 연구에 골몰해 있었기 때문이다.

그런데 2017년 봄, 독수리기독학교에서 사역하기 시작한 초기에 독수리기독학교의 교장으로 계시는 단혜향 선생님으로부터 '4차 산업혁명'이란 말을 듣게 되었다. 단혜향 선생님은 세상이 뭔가 심각하게 변화하고 있는 것 같다고 하시며, 일본에서 출시된 인공지능 로봇 페퍼를 살 수 있으면 학교에 하나 두면 좋겠다고 하셨다. 그리고 독수리기독학교가 4차 산업혁명 시대를 어떻게 대비해야 할지를 알아보고 준비하라고 하셨다.

나는 그때부터 4차 산업혁명이 무엇인지, 세상에 지금 무슨 일들이 일어나고 있는지를 살펴보기 시작했다. 그리고 불과 얼마 지나지 않아 4차 산업혁명이라는 이름으로 불리는 최근의 기술 진보가 엄청난 파문을 몰고 올 문화 변화라는 것을 감지할 수 있었다. 그래서 얼마간의 작업 끝에 학교가 4차 산업혁명을 대비하여 어떻게 준비해 나갈 것인가에 대한 계획을 세우고 한 단계씩 실천해 나가게 되었다.

2017년 5월부터 먼저 교사들을 대상으로 4차 산업혁명에 대한 교육을 실시하였고, 8월에는 교사 수련회를 '4차 산업혁명'이란 주제로 가졌으며, 정보/컴퓨터 교과목뿐만 아니라 국어, 수학, 영어, 사회, 과학, 음악, 미술, 체육 등 학과별로 4차 산업혁명의 기술들을 교과 교육에 적용할 수 있는 부분을 찾아서 커리큘럼을 재구성하는 작업을 시작했다.

2017년 9월과 10월에는 7학년부터 12학년까지 전교생을 대상으로 매주 금요일에 있는 '더 큰 세상 조회' 시간을 이용하여 4차 산업혁명을 주제로 강의했다. 그 강의의 제목들은 다음과 같다.

제1강 - 4차 산업혁명이란 무엇인가?
제2강 - 로봇 전성시대가 오고 있다
제3강 - 인공지능이 열어가는 기회의 창
제4강 - 사물인터넷으로 모두 연결된 세상
제5강 - 새로운 시대의 원유, 빅데이터
제6강 - 신의 영역에 도전하는 유전체 연구
제7강 - 4차 산업혁명 시대의 사회적 변화

이러한 일곱 번의 강의를 통해 학생들과 교직원들의 이해를 넓힐 수 있었다.

그 후 2017년 10월 말 3쿼터 가족기도회 시간에는 학생과 교직원 뿐 아니라 부모들도 모두 참석하여 4차 산업혁명에 대하여 학교의 준비 상황을 공유하고 함께 이 시대를 헤쳐 나가자고 기도했다.

겨울방학 동안 학교가 갖추어야 할 것들이 무엇인지 정리되었고, 2018년 3월에는 1쿼터 가족기도회 시간에 4차 산업혁명 시대 대비를 위한 펀드레이징 행사를 하여 필요한 재정을 확보했다. 그리고 학부모들로 구성된 학교발전위원회도 4차 산업혁명 시대를 위한 준비에 초점을 맞추어 운영되고 있다.

나는 작년부터 이러한 준비를 해 오면서 4차 산업혁명에 대해 큰 관심을 두고 연구하고 있으며, 특히 그리스도인의 관점에서, 교회의 관점에서 이 혁명을 어떻게 보아야 하는지에 대해 많은 고민을 해 왔다.

한편 2017년 9월부터 사역 총무로 참여하며 함께 하는 FMnC 선교회의 사역도 이 책의 내용을 발전시키는 데 큰 도움이 되었다.

FMnC 선교회는 판교의 불꽃교회에서 2017년 11월 9-11일에 4차 산업혁명을 주제로 'Be Connected'라는 표어를 걸고 ITMC(IT Mission Conference) 2017 행사를 개최했으며 이 행사에는 50여 명이 넘는 강사들이 참여하여 발표했다. 나도 이 컨퍼런스에서 '4차 산업혁명과 그리스도인의 문화적 사명'이라는 제목으로 발표를 하고 그 이후로 4차 산업혁명과 관련된 주요 주제들에 대한 신학적 성찰 작업을 진행해 왔다.

특히 FMnC 선교회가 매년 수차례 실시하고 있는 '스마트 비전 스쿨' 과정 중에서 4차 산업혁명 시대의 선교를 다루는 강의 자료를 새로 제작하면서 이 책이 담고 있는 많은 내용을 함께 정리할 수 있었다.

그러므로 이 책은 신학적 성찰의 내용이 많이 담겨 있지만, 단지 책상머리에 앉아 책 몇 권을 펴 놓고 웹 서핑을 하며 엄청난 상상력을 발휘하여 쓴 것이 아니다. 독수리기독학교라는 큰 기관이 4차 산업혁명 시대를 준비하는 프로젝트를 실제로 추진하면서, 그리고 FMnC 선교회에서 ITMC 2017이라는 큰 행사를 함께 치르고 여러 가지 IT 선교 사역을 수행하면서 그리고 스마트 선교사를 양성하는 스마트 비전 스쿨을 함께 준비하면서 온몸으로 부대끼며 얻은 지식을 최대한 담으려 노력했다.

이 책은 4차 산업혁명을 그리스도인들이 어떻게 보아야 할지, 4차 산업혁명 시대를 그리스도인들이 어떻게 대할지에 대해 알려주는 선구자적인 역할을 할 것으로 기대한다. 선구자적이란 말은 아직 설익고 어설픈 면도 많다는 것을 시사한다. 학문적 완성도라는 측면에서 이 책은 부끄러운 수준이지만, 동료 그리스도인 여러분께 조금이라도 더 빨리 이 내용을 공유하여 다른 분들의 작업에 도움이 되고자 하는 마음으로 책을 낸다. 아무쪼록 이 책을 디딤돌로 삼아 더욱 수준 높은 연구 성과들이 속속 나타나기를 기대한다.

2018년 8월 15일

이윤석

4차
산업혁명과
그리스도인의
삶

제 1 장

4차 산업혁명,
교회는 이제 막 준비를 시작하다

제1장

4차 산업혁명,
교회는 이제 막 준비를 시작하다

약 이천 년 전에 세례 요한은 사람들의 회개를 요구하며 "천국이 가까이 왔느니라"(마 3:2)라고 외쳤다. 영어 표현으로는 "The kingdom of heaven is near"(NIV)이다. 세례 요한이 "천국이 가까이 왔느니라"고 외치던 그때 이후 약 이천 년이 지나서 레이 커즈와일(Ray Kurzweil, 1948-)은 'kingdom of heaven'(천국) 대신에 'singularity'(특이점)를 넣어서 "The singularity is near"라고 외치고 있다.[1] 그의 외침은 2005년 책으로 출간된 이후 큰 반향을 일으키며 점점 더 크게 메아리치고 있다.[2]

그가 책 제목을 『특이점이 온다』(The Singularity is Near)라고 한 것은 세례 요한이 외쳤던 "천국이 가까이 왔느니라"를 패러디한 것일 가능성이 매우 크다고 생각된다. 그의 책은 미래를 예측하며 특히

---

[1] 'The singularity is near'가 세례 요한의 'The kingdom of heaven is near'를 패러디한 것이라는 통찰은 총신대학교 신학대학원에 계시는 강웅산 교수님의 아이디어이다. 필자는 2018년 8월 11일, 강 교수님과의 대화 중에 이런 이야기를 듣고 커즈와일에 대한 이해를 좀 더 확장할 수 있었다.

[2] 커즈와일의 책은 다음을 참조하라. Ray Kurzweil, *The Singularity is Near*, 김명남, 장시형 역, 『특이점이 온다』 (파주: 김영사, 2007).

새로운 시대를 예고하고 있다. 약 이천 년 전에 세례 요한이 외쳤던 것처럼 커즈와일은 "특이점이 가까이 왔느니라"고 외치고 있다. 한글 역서는 책 제목을 '특이점이 온다'라고 밍밍하게 번역했는데 커즈와일의 의도를 살리려면 '특이점이 가까이 왔느니라'라고 하는 것이 보다 정확했을 것이다. 커즈와일은 현재 우리에게 익숙한 '4차 산업혁명'이란 용어 자체는 사용하지 않았지만 이미 지금 우리가 4차 산업혁명이라고 할 때 의미하는 내용을 상당 부분 포함시키고 있다.

'4차 산업혁명'이란 용어가 한국 사회에 널리 알려지기 시작한 계기는 2016년 1월에 스위스 다보스에서 열린 세계경제포럼이라고 할 수 있다. 이때 '4차 산업혁명'을 주제로 다루었고 이로부터 '4차 산업혁명'이라는 용어가 크게 유명해졌고, 광범위하게 사용되기 시작하였다. 언론사들은 앞을 다투며 4차 산업혁명 관련 특집 다큐멘터리를 편성했고, 각종 뉴스 시간에서 4차 산업혁명과 관련된 신기한 소식들을 전 세계로부터 수집하여 알려주고 있다.

한국 사회는 "4차 산업혁명 시대가 도래했다"는 사실에 대해 더 이상 무지하지 않다. 특히 알파고가 이세돌 9단을 완파한 사건 때문에 한국 사람들은 더 큰 충격을 받았고 4차 산업혁명이란 용어가 각인되었다. 많은 사람이 4차 산업혁명이라는 말을 들었고, 어느 정도 이해하고 있으며, 앞으로의 세상은 지금까지 우리가 경험한 세상과는 상당히 달라질 것이라는 점을 예상하며 마음의 준비를 하고 있다.

바야흐로 4차 산업혁명이란 엄청난 기술 혁신의 쓰나미가 몰려오고 있다. 지난 2000년을 전후로 하여 일어났던 e-비즈니스 혁명도 그 전과 비교하자면 획기적인 변화들을 사회 각 부분에 가져왔지만,

지금 우리에게 다가오고 있는 4차 산업혁명은 그때와는 비교할 수 없이 큰 변화를 가져올 것으로 보인다.

1. 4차 산업혁명을 대비하는 기독교계의 활동

한국의 기독교계는 아직은 그렇게 많지 않지만 나름대로 4차 산업혁명에 대비하기 위한 준비를 시작하고 있다. 비록 2017년 후반기에나 그런 준비들이 가시적으로 나타나기 시작했지만 그래도 그동안 다음과 같은 의미 있는 활동들이 있었다.

첫째, 2017년 11월 9-11일에 FMnC(Frontier Mission and Computer) 선교회(www.fmnc.net) 주관으로 개최되었던 2017 ITMC(IT Mission Conference)가 주목할 만한 대표적인 활동이었다.

이 컨퍼런스는 "Be Connected–4차 산업혁명과 선교"라는 주제로 열렸으며, 사흘 동안 6개 트랙, 49개 세션, 53명의 강사가 참여하였다.

이 컨퍼런스에서 발표된 내용 중의 일부만 살펴봐도 특히 선교적인 관점에서 어떤 일들이 이루어지고 있는지를 잘 알 수 있다. 이 컨퍼런스에서 다루어졌던 주요한 발표들은 다음과 같다.

"인공지능과 성경의 만남–AI 성경"(민덕기)
"바이블 챗봇 개발 방향과 선교 비전"(김두현)
"코딩으로 배우는 성경 이야기, 와우코딩!"(박순화)

"스크래치를 통한 성경 교육 사례와 작품 소개"(김인환)

"4차 산업혁명과 선교"(전생명)

"4차 산업혁명과 교회"(김승래)

"4차 산업혁명과 그리스도인의 문화적 사명"(이윤석)

"Jesus.net 소개 및 글로벌 활용 사례"(아리오 드 브롬)

"지역교회에서 Jesus.net 활용하기"(김광석)

"e-코치의 역할과 훈련"(이정만)

"교회를 위한 온라인 홍보와 구글앱스 활용"(홍원준)

"온라인 전도와 선교 사례"(마크 애플톤)

"카톡을 활용한 손끝 선교"(이동현)

"스마트 바이블 소개 및 개발 과정"(조정현)

"스마트 바이블을 활용한 네팔 선교 사례"(최종원)

"언어를 극복한 스마트한 선교 이야기"(김태형)

"비전트립앱 언어팩 개발 과정"(여호수아)

FMnC 선교회는 IT를 비롯한 과학기술을 수단으로 타문화권 선교 사역을 해 왔으나, 몇 년 전부터 4차 산업혁명이라는 거대한 기술 진보의 추세를 선구적으로 감지하고 'IT 선교' 또는 '스마트 선교' 사역의 확장에 큰 힘을 기울이고 있다.

둘째, 기독교세계관학술동역회(www.worldview.or.kr)의 활동도 주목할 만하다.

기독교세계관학술동역회 소속의 기독교학문연구회는 2017년 11월 4일에 '4차 산업혁명과 기독교 학문'이란 주제로 추계학술대회를 가진 데 이어, 2018년 5월 26일에는 '4차 산업혁명과 기독교의 대응'이란 주제로 춘계학술대회를 개최하였다.

2017년 추계학술대회에서 발표된 내용은 다음과 같다. 이때 많은 학자의 발표가 있었지만 정작 4차 산업혁명과 관련이 있는 것들은 소수에 지나지 않았다.

"4차 산업혁명과 대학의 방향"(송성진)
"4차 산업혁명 시대에서의 개혁주의 인간론 역할"(하성만)
"4차 산업혁명 시대에 대비하는 대학교육 혁신 정책방향"(강철승)
"인공지능, 법, 신앙"(고세일)

2018년 춘계학술대회에서 발표된 내용은 다음과 같다. 이때도 많은 발표가 있었지만 4차 산업혁명과 관련이 있는 것들은 다음과 같이 소수에 불과하였다.

"4차 산업혁명과 사회의 대응"(장수영)
"4차 산업혁명과 학교의 대응"(박영주)
"4차 산업혁명과 교회의 대응"(김정호)
"인공지능을 통한 교리교육과정 개발 연구"(허연)
"하나님 형상의 형상으로서의 인공지능 이해: 기독론적 인간론 관점에서"(이경건)
"4차 산업혁명과 직업윤리"(김은우)
"AI 기반의 디지털 의료 영상의 발전과 기독교적 접근"(정회원)

"4차 산업혁명과 기독교 대학"(김지원)

셋째, '4차 산업혁명과 기독교 포럼'(www.4cf.kr)의 활동도 주목할 만하다.

2018년 6월 25일 제1차 포럼을 과천소망교회 로고스센터에서 개최하였다. 여기서는 다음과 같은 내용들이 발표되었다.

"4차 산업혁명 시대 어떻게 대처해야 하는가?"(장순흥)
"4차 산업혁명과 목회"(장현승)
"4차 산업혁명이 무엇인가?"(조대연)
"4차 산업혁명에 의한 성도들의 삶의 변화"(김기석)
"교회를 위한 4차 산업혁명의 기술"(김한수)
"4차 산업혁명과 신학적 이슈"(최원석)

이 포럼의 조직은 장현승 과천소망교회 담임목사와 김기석 한동대 전산전자공학부 교수가 공동대표를 맡고 있으며, 목회자와 신학자들 그리고 IT 분야의 교수들이나 산업계 전문가들이 함께 구성원으로 참여하고 있다. 이를 통해 4차 산업혁명이라는 거대한 현상을 기술적 또는 산업적 측면에서만 보는 것이 아니라 목회적 또는 신학적 측면에서도 고찰하여 기독교계가 4차 산업혁명 시대를 어떻게 맞이해야 하는가를 연구하고 있다.

넷째, 2018년 5월 31일에는 '새세대아카데미'(www.newgen.or.kr) 주관으로 이천에 있는 에덴 낙원에서 "목회자에게 필요한 4차 산업혁명 이해와 대응전략"이라는 주제로 새세대아카데미 목회전략 포럼이 개최되었다. 여기서 발표된 내용들은 다음과 같다.

"4차 산업혁명 시대와 교회의 대응"(정재영)
"4차 산업혁명 시대가 요청하는 기독교 공동체"(조성돈)
"데이터와 알고리즘 시대의 기독교 변증"(김선일)
"인공지능의 시대, 복음적 목회를 다시 찾다"(오종향)

다섯째, 2018년 11월에는 한국복음주의조직신학회의 가을 정기 학술 심포지엄이 '4차 산업혁명과 교회'를 주제로 개최될 예정이다.
이 학회는 한국의 신학자들의 학회 중에서는 최초로 '4차 산업혁명'과 관련된 조직신학적 주제들을 다룰 예정이다.

2. 4차 산업혁명을 대비하여 기독교계가 해야 할 일

4차 산업혁명은 거스를 수 없는 거대한 흐름으로 진행되고 있다. 4차 산업혁명과 관련된 여러 기술 분야들이 어떤 놀라운 성취를 이루고 있는지는 날마다 미디어를 통해 접할 수 있다. 그리고 그런 기술적 성취가 어떠한 사회적 변화를 유발하는가에 대해서도 자주 들을 수 있다.

그리스도인들도 이러한 흐름으로부터 도피할 수 없다. 그리스도인들도 4차 산업혁명 속에 한 요소로 들어가 있으며, 그리스도인들도 4차 산업혁명의 문화를 창출하는 데 함께 참여하고 있다. 그런데 그리스도인들은 그리스도인이기 때문에 감당해야 하는 역할이 있다. 그것은 바로 4차 산업혁명이란 세상 문화를 성경적인 관점에서 바라보고, 올바른 발전 방향을 제시하며 잘못된 문화는 고쳐가는 역할이다. 오직 그리스도인만이 하나님이 세상에 부여하는 바른 규칙과 질서를 이해할 수 있으므로 그리스도인들이 적극적으로 기준을 제시하는 역할을 감당해야 한다.

그러나 안타깝게도 아직은 앞에서 본 것과 같은 많은 활동이 펼쳐지고 있음에도 불구하고, 이런 면에서 괜찮은 성과가 그다지 나오고 있지 않다. 4차 산업혁명에 대한 기술적 이해나 사회경제적 이해는 상당히 잘 이루어지고 있지만 교회가 해야만 하는 신학적 이해에 대한 성과는 거의 없다시피 하다. 좋은 그리스도인이라고 여겨지는 그리스도인 학자들도 이런 한계가 명확하다.

'4차 산업혁명과 교회,' '4차 산업혁명과 기독교,' '4차 산업혁명과 선교,' '4차 산업혁명과 목회' 등 '4차 산업혁명과 ○○○'이라는 제목이 붙어있는 경우에도 4차 산업혁명과 관련된 기술 이야기는 많지만 정작 중요하게 다뤄져야 할 '○○○' 부분은 너무나도 빈약하게 다루어지는 경우가 많았다.

이런 현상이 나타나는 대표적인 이유는 두 가지를 모두 잘 아는 사람이 별로 없기 때문이라 하겠다. 4차 산업혁명을 잘 아는 과학자, 공학자, 경영학자는 신학을 잘 알지 못한다. 신학자, 목회자는 그 분야는 잘 알지만 4차 산업혁명의 기술이나 사업에 대해서는 잘 알지 못한다. 그래서 더 시간이 걸릴 것이다. 그럼에도 불구하고 우리는 두 진영이 함께 연구하거나 아니면 내가 약한 분야를 공부하면서 이에 대한 답을 내어놓아야 한다. 앞에서 소개했던 '4차 산업혁명과 기독교 포럼'은 구성원들의 절반이 과학자/공학자, 절반은 신학자/목회자로 구성되어 있다. 이런 융합이 이 주제를 연구하는 데 필요하다.

한편 그리스도인들이 해야 할 일은 다음의 두 가지로 말할 수 있다.

① 4차 산업혁명이라는 세상 문화에 대한 이해와 교회 또는 그리스도인들의 관점에서 4차 산업혁명을 어떻게 보아야 하는가에 관한 내용을 정리하는 것이다.
② 4차 산업혁명의 주요 기술들을 교회에 도움이 되도록 어떻게 적용할 수 있는지에 대한 내용을 정리하는 것이다.

앞으로 이 두 가지 주제에 대해 수많은 연구가 이루어져야 한다. 필자의 이 책 역시 이런 시도 중의 일부라 하겠다. 하지만 초점은 전자에 맞추어져 있다.

3. 신학적 관점들의 정리가 필요하다

이 책은 4차 산업혁명이라는 문화에 대하여 신학적 관점들을 적용하며 정리하는 것을 목적으로 한다. 아직 이런 종류의 작업이 많이 이루어지지 않았기 때문에 이 책 역시 초보적인 수준의 작업이 될 것 같다. 그러나 다른 학자들이 이 분야에서 한 걸음 더 나아갈 수 있는 디딤돌 역할을 할 수 있다면 그만큼은 기여하는 것이기에 나름대로 의미가 있을 것이다. 이 일은 한 사람의 노력으로 가능한 일이 아니다. 많은 사람이 함께 이루어가야 하는 일이다.

이를 위해 이 책에서는 신학적 관점에서 4차 산업혁명의 여러 현상을 조망하였다. 특히 신학의 주요 주제별로 논의를 전개하였다. 다루어진 주제들은 하나님의 속성, 창조, 인간, 구원, 교회, 종말, 문화, 선교, 그리스도 등이다. 주제별로 정통 기독교가 가진 신학을 설명하고, 4차 산업혁명의 현상 중에서 그와 관련된 것들을 다루며 연관성을 논한 후 그리스도인들이 어떻게 해야 하는가를 정리하는 방식으로 구성하였다.

향후 전개될 내용을 간략히 언급하자면 다음과 같다.

제2장에서는 4차 산업혁명의 기술 발전으로 하나님의 입지가 위축되고 있는 현상을 다루었다.

제3장에서는 하나님의 창조성을 본받은 인간이 창조성을 발휘하여 만들어낸 세계에 대해 다루었다.

제4장에서는 마치 하나님처럼 자신의 형상을 창조한 인간의 창조 행위에 대해 다루었다.

제5장에서는 진화론적이며 유물론적인 4차 산업혁명 시대의 인간관에 대해 다루었다.

제6장에서는 기술 주도적 구원관에 대해 다루었다.

제7장에서는 플랫폼 경쟁에서 뒤처지고 있는 교회의 상황에 대해 다루었다.

제8장에서는 유물론적이며 진화론적인 종말관에 대해 다루었다.

제9장에서는 4차 산업혁명 시대를 사는 그리스도인의 문화적 사명에 대해 다루었다.

제10장에서는 4차 산업혁명 시대에 선교 사역이 어떻게 변화되는가를 다루었다.

제11장에서는 그리스도인들에게 두려움으로 다가오고 있는 4차 산업혁명 시대를 예수 그리스도를 의뢰함으로 이길 수 있음을 다루었다.

4차 산업혁명이 얼마나 대단하던지 간에 이 세상에 대한 올바르고 완전한 도덕적 표준을 제시할 수 있는 능력은 하나님에게 있다는 것을 명심해야 한다. 그리고 하나님은 그리스도인들을 통해 하나님이 세상에 바라는 표준을 제시하고자 한다. 그러므로 그리스도인들은 세상을 바라보는 신학적 관점을 바르게 세울 수 있도록 노력해야 한다. 특히, 4차 산업혁명과 같은 새로운 변화가 나타날 때는 더더욱 그런 시도에 부지런해야 한다.

◆ 그룹 스터디를 위한 질문들

1. '4차 산업혁명'이라는 말을 들으면 나는 무엇이 떠오르는가?

2. 레이 커즈와일의 책 제목 *The Singularity is Near*『특이점이 온다』는 어떤 의미가 있는가?

3. 4차 산업혁명 시대를 대비하기 위하여 한국의 기독교계는 어떤 활동을 하고 있는가?

4. 4차 산업혁명 시대를 대비하기 위하여 그리스도인들은 무엇을 해야 하는가?

4차
산업혁명과
그리스도인의
삶

제 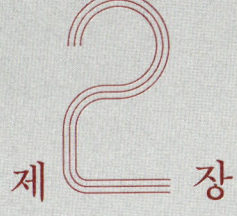 장

4차 산업혁명 시대의 하나님, 입지가 위축되다

제2장

4차 산업혁명 시대의 하나님, 입지가 위축되다

4차 산업혁명 시대를 이끌어가는 주요 핵심 기술들의 발전 양상은 놀라울 따름이다. 이 시대는 과거 어느 시대보다도 인간의 능력이 강력해져 있다. 역사상 그 어느 시대도 지금처럼 다양한 지식을 갖고 있었던 때가 없었으며, 지금처럼 막강한 능력을 갖췄을 때가 없었다.

인간이 소유하게 된 이 능력의 근원은 바로 '기술'이다. 과거에는 기적에 의존해야만 했던 일들이 이제는 기술로 해결되는 경우가 많다. 과거에는 교회에 와서 기도하며 매달려야 했던 일들이 이제는 기술로 어렵지 않게 해결되곤 한다.

이처럼 우리 인간들이 세상을 조금씩 더 통제할 수 있게 된다는 생각이 사회적으로 확산되면서 하나님의 입지는 점점 더 좁아지는 듯하다. 전지전능하신 하나님, 인간의 지식과 능력은 너무나 보잘것없기에 의뢰와 신앙의 대상이 될 수 있었던 하나님에 대한 필요가 점점 더 약해져 간다. 이제는 나에게 없는 지식과 능력을 아쉬워할 일이 점점 줄고 있다. 과거에는 하나님에게나 기대했던 일을 지금은 바로 내가 할 수 있게 되었다. 그러므로 하나님의 자리는 위축되고 있으며 위협받고 있다고 할 수 있다.

이런 세상에서 하나님은 우리 인간들에게 어떤 의미가 있을까? 하나님은 도대체 어떤 분이신가?

이제 이런 질문에 대해 논의하고자 한다.

1. 하나님에게 있는 속성들

하나님은 어떤 분이시냐는 질문에 대해 그리스도인들이 답하는 방식에는 여러 가지가 있다. 그중에서 중요한 한 가지 방식은 하나님에게 있는 속성들을 하나씩 설명하는 방식이다. '속성'이란 말은 하나님에게 속한 어떤 성질이나 특징을 가리킨다.

그런데 이러한 하나님의 속성 중에서 어떤 속성들은 피조물인 인간과는 전혀 차원이 다르게 절대적으로 하나님에게만 있는 속성들이 있는가 하면, 하나님의 형상으로 만들어진 인간도 공유하는 속성들도 있다. 전자를 '비공유적 속성'이라고 후자를 '공유적 속성'이라고 하여 구분한다. 그래서 벌코프(Louis Berkhof, 1873-1957)는 다음과 같이 말한다.

> 하나님은 자기충족적인 존재이기 때문에, 어떠한 필연적인 관계 속에서도 존재하지 않는 무한자이지만, 동시에 전체적으로는 그의 창조와 또한 그의 피조물들과 자유롭게 여러 가지 관계를 맺

으실 수가 있다. 비공유적인 속성이 하나님의 절대 존재를 강조하는 반면, 공유적인 속성은 하나님께서 그의 피조물들과 여러 가지 관계를 맺으신다는 사실을 강조한다.[1]

위 인용문의 표현처럼 비공유적 속성은 하나님의 절대성을 강조하며, 공유적 속성은 하나님께서 인간들과 맺는 관계성을 강조한다. 이처럼 하나님께서는 당신의 속성들을 인간들에게 계시하여 알게 해 주셨는데, 이 속성들을 통해서 인간은 하나님과 어떤 면에서 유사한지 또 어떤 면에서 전혀 다른지 알 수 있다.

그럼 먼저 비공유적 속성들에 대해 살펴보자.

이는 절대 존재로서의 하나님이 갖는 특징들이다.

첫째, 가장 대표적인 하나님의 비공유적 속성은 '자존성'이다.[2]

자존성은 다른 어떤 존재들에게도 의존하지 않으며 스스로 존재하는 특징을 의미한다. 하나님이 호렙산에서 모세에게 나타나셨을 때 모세는 하나님이 누구인가를 질문했고 하나님은 모세에게 "나는 스스로 있는 자"(출 3:14)라고 알려주셨다. 구약 성경의 이 문구를 '여호와' 또는 '야훼'라고 읽는다. 이것을 영어로는 흔히 "I am who I am"이라고 번역한다. 하나님은 인간이나 자연 세계의 어떤 것에 의존하거나 제한받지 않는다. 세상의 모든 만물은 스스로 존재하는 하나님에 의존하여 존재한다.

---

[1] Louis Berkhof, *Systematic Theology*, 권수경, 이상원 역, 『벌코프 조직신학』 (서울: 크리스챤 다이제스트, 2000), 251.

[2] Berkhof, 『벌코프 조직신학』, 251-252.

둘째, 또 다른 중요한 비공유적 속성은 '불변성'이다.[3]

불변성은 앞서 언급한 자존성과 필연적으로 함께 갖는 특징이다. 하나님은 존재에 있어서나 뜻에 있어서나 변함이 없다. 따라서 세상을 향한 하나님의 작정, 인류에게 주신 약속 등은 변함이 없다.

셋째, 또 다른 속성은 '무한성'이다.

이것은 '절대적인 완전성,' 시간과 관련된 '영원성,' 공간과 관련된 '광대성' 또는 '편재성'의 세 가지를 포함한다.[4]

다음으로 공유적 속성들에 대해 살펴보자.

이는 인격적인 존재로서 갖는 특징들이다. 공유적 속성들은 그 종류를 아주 많이 나열할 수 있지만 여기서는 대표적인 것 몇 가지만 다룬다.

첫째, 지식과 지혜가 대표적인 공유적 속성이다.

하나님에게는 완전하고 통합된 지식과 온전한 지혜가 있다.[5] 사람에게는 파생적인 지식, 부분적이고 파편화된 지식, 불완전한 지식과 지혜가 있다. 사람은 하나님을 닮아서 어느 정도 지식과 지혜가 있지만, 사람이 가신 시식과 지혜는 하나님이 가진 지식과 지혜와는 근본적으로 다른 성격을 갖는다.

둘째, '선하심'도 중요한 공유적 속성이다.[6]

하나님은 모든 피조물을 향하여 관대하고 인자하게 대하시며, 사랑이 많으시고, 은혜와 긍휼을 베푸시며, 피조물의 불순종에도 불구

---

[3] Berkhof, 『벌코프 조직신학』, 252-253.
[4] Berkhof, 『벌코프 조직신학』, 253-255.
[5] Berkhof, 『벌코프 조직신학』, 261-264.
[6] Berkhof, 『벌코프 조직신학』, 265-268.

하고 오래 참으신다.

셋째, '거룩하심'도 중요한 속성이다.[7]

하나님이 갖는 도덕적인 탁월성, 아무런 죄와 오염이 없는 상태를 가리키며, 피조물에 대해서는 하나님이 제시하는 기준에 맞추어 결함이 없는 상태를 요청하는 하나님의 속성이다.

넷째, '의로우심'도 여기에 포함된다.[8]

이것은 하나님의 거룩함을 침해하는 것들에 대해 자신을 지키며 모든 면에서 거룩함을 드러내는 하나님의 속성이다.

다섯째, '주권적 의지와 능력'도 중요한 속성이다.[9]

하나님은 세상에 대한 통치권을 갖고 계신다. 의지와 능력 모든 면에서 주권을 갖고 계시며 주권적으로 행하신다.

우리는 이처럼 다양한 하나님의 속성들을 알고 있다. 하나님은 자존하시며, 변함이 없으시고, 무한하시다. 하나님은 지식과 지혜를 갖고 계시며, 선하시고, 거룩하고, 의로우시며, 주권적으로 역사하신다. 그리스도인들이 섬기는 하나님은 바로 이런 속성들을 가진 분이다.

---

7 Berkhof, 『벌코프 조직신학』, 268-270.
8 Berkhof, 『벌코프 조직신학』, 270-272.
9 Berkhof, 『벌코프 조직신학』, 272-277.

2. 4차 산업혁명 시대의 도전

그런데 4차 산업혁명 시대의 엄청난 기술 발전은 앞서 언급한 다양한 하나님의 속성을 인간 편에서 경시하거나 그 자리를 위협하는 결과를 낳고 있다.

첫째, 예를 들어 지식에 대해 살펴보자.

지식은 하나님과 인간이 공통으로 갖는 공유적 속성이다. 과거에는 개별 인간이 갖는 지식의 양이 매우 적었다. 그래서 하나님의 지식은 모든 것을 다 아는 지식이라고 하며 '전지하심'이 하나님의 특징이라고 여겼다. 인간의 지식은 유한하고 잊힌다.

그러나 요즘 구글이나 페이스북은 나에 대해 나보다 더 많이 그리고 더 정확히 알고 있다고 이야기된다. 나는 나의 과거에 대해 많이 잊어버리기도 하고 나 자신의 행동에 대해 편향된 해석을 하려는 경향이 있지만, 구글과 페이스북은 내가 구글과 페이스북을 이용할 때마다 나의 행적을 모두 기억하고 그것을 분석한다.

또한 내가 어떤 사람이며, 무엇을 욕망하며, 미래에 무슨 행동을 할 것인지를 매우 정확하게 예측한다. 구글과 페이스북은 나에 대해서뿐만 아니라 구글과 페이스북을 활발하게 사용하는 모든 사람에 대한 정보를 갖고 있으며 매우 객관적인 평가를 갖고 있다.

암 진단에 활용되고 있는 IBM의 인공지능 왓슨은 지구상의 어떤 인간 의사와도 비교할 수없이 다양한 지식을 갖고 있으며, 그것을 검토하여 최적의 방안을 제공해준다. 분명 하나님의 전지하심과는 현저한 격차가 있지만, 하나님에 대해 제대로 인식하지 못하는 비그리스도인들의 경우에는 인간이 인간의 한계를 넘어서 신의 경지에 더 가까이 다가가고 있다고 생각할 수도 있다.

둘째, 하나님의 무한성 중 공간적 개념인 '편재성'을 살펴보자.

사물인터넷과 인공지능의 발전으로 과거에는 하나님을 떠올려야만 가능했던 일이 기술적으로 구현되고 있다. 2013년에 개봉되었던 영화 <그녀>(Her)에서 남자 주인공은 인공지능 사만다와 대화를 하다가 사랑에 빠졌다. 이 사만다는 동시에 수천 명과 대화를 했으며, 동시에 수백 명과 사랑에 빠졌다고 한다. 영화이긴 하지만 인공지능은 전 세계에 흩어져 있는 수백수천 명에게 각각 개별적인 인격적 관계를 맺으며 편재하는 존재의 모습을 보여주었다.

사물인터넷의 발전에 의한 변화도 놀라운 수준이다. 이제는 카카오톡, 페이스북, 스카이프 등을 통해 다른 대륙에 있는 사람과도 바로 앞에 있는 것처럼 영상을 통해 대화할 수 있다. 인터넷을 통하여, 한국의 집에서 멀리 떨어져 미국에 있으면서도 한국 집의 현관문을 개폐하거나 집 안의 가전제품, 전등, 보일러 등을 조작할 수도 있다. 마치 사람이 미국에 있으면서 한국에도 동시에 있는 것과 유사한 효과가 나타나는 것이다.

이런 식으로 공간적인 제약을 덜 받게 되면서 사람들의 하나님의 광대하심 또는 편재성에 대한 경외감은 감소될 수 있다.

셋째, 하나님의 무한성 중에서 시간적 관점에서 묘사된 '영원성'을 살펴보자.

4차 산업혁명 시대에는 첨단 기술을 적용하여 인간의 수명이 많이 늘어날 것이라는 전망이 계속해서 나오고 있다.

유발 하라리가 제시하는 '호모 데우스'의 개념은 유기체를 가진 인간 존재가 아니라 인간이 가지고 있었던 의식을 일종의 알고리즘으로 간주하고 이 알고리즘을 비유기체, 즉 기계에 이식하여 육체적 사망이란 것이 사실상 없는 불멸의 삶을 산다는 것이다.

사람들은 끊임없이 기술을 활용하여 '영원'을 얻으려고 노력하고 있다. 이런 사상은 1979년도에 제작된 <은하철도 999>라는 만화영화에서도 찾아볼 수 있다. 만화 속 주인공인 철이가 은하철도 999를 탄 이유는 기계 인간이 되어 불사의 존재가 되기 위함이었다. 장장 40년 전에 만들어진 이 만화 속에서는 상상이었지만, 지금은 신체의 일부 또는 전부를 기계로 대체하여 수명을 늘릴 수 있을 거라는 생각이 더 많이 확산되고 있다.

기독교는 현세에서의 삶을 마감하고 육체적 죽음을 맞이한 후에 예수 그리스도의 재림 때에 다시 부활하여 최후 심판을 거쳐 하나님의 나라에 들어가 영원히 살게 될 것이라는 전망을 제시하고 있다. 기독교의 사상에는 이처럼 불멸의 삶에 대한 전망이 이미 있었다.

그런데 4차 산업혁명의 기술을 통하여 이제는 유물론자들도 물질적으로 영속하는 불멸의 존재를 고안해낸 것이다. 이 불멸의 존재의 기술적 실현 가능성은 좀 더 두고 보아야 할 것이다. 그러나 인간의 수명이 첨단 기술에 의해 조금씩 길어지면 길어질수록 하나님의 고유한 속성인 영원성은 더욱더 경시될 것이다.

넷째, 하나님의 주권적 능력을 살펴보자.

하나님은 전능하시다. 하나님의 작정 안에 있는 모든 일은 인간의 사고로 볼 때는 불가능한 일이라 하더라도 하나님은 모두 가능케

하신다. 물론 거짓, 불의, 변심, 자기 부인 등과 같은 하나님의 기본 속성과 충돌하는 일은 하실 수 없다. 인간의 눈높이에서 볼 때는 불가능했던 많은 일이 4차 산업혁명 관련 기술들의 발전으로 인해 가능해졌다. 이러한 측면에서는 정말 무수한 사례를 이야기할 수 있을 것이다.

예를 들어, 산업용 로봇들은 수많은 분야에서 과거에는 인간이 수행하던 작업을 대신하고 있다. 세계 최대의 온라인 쇼핑몰인 아마존의 물류 센터에서는 '키바'라는 이름의 운송 로봇이 지치지 않고 정확하게 배송해야 할 물품을 운반한다. 세계적인 자동차 회사들의 생산 라인에서는 이제 조립 작업을 하는 사람들이 거의 없고 수많은 로봇들이 자동차 조립 공정을 지치지 않고 정확하게 수행하고 있다.

그러나 이러한 단순 반복적인 일에만 그치는 것이 아니다. 인공지능의 발전은 프로그래밍 때문에 단순 반복적인 작업을 정확하게 반복 수행하는 것뿐 아니라 인간이 가지고 있는 지적인 능력을 발휘하는 분야에서까지도 기계가 사람을 대체하는 시대가 열리게 하고 있다.

언론사들은 이미 인공지능을 이용하여 증권 시황 보도나 야구 경기 결과 보도와 같은 정형화된 기사를 산출하도록 하고 있다. 인공지능이 증시가 마감되거나 야구 경기가 끝나자마자 순식간에 산출해내는 이런 유형의 기사들이 언론사에서 작성하는 기사들의 상당 부분을 차지한다.

구글의 알파고는 2016년에 이세돌 9단을 완전히 압도하는 실력으로 단 1패만 내주며 완승하였다. 심지어 이 1패는 일부러 져 준 것이라는 평가들도 많다. 알파고는 그 후 더욱 업그레이드되어 중국의 커제 9단도 완파하고 은퇴하였다. 더 이상 인간 기사들과 겨룰 필요가 없어졌다는 것이다.

인간이 휴먼 게놈 프로젝트를 통해 밝혀낸 인간의 유전자 지도도 놀라운 성과물이다. 이 유전자 지도를 토대로 하여 특정 유전자와 실제 그것이 어떻게 발현되는지의 관계를 연구하는 분야에 엄청난 진전이 이루어지고 있다.[10] 유전적 유방암 발병을 매우 정확하게 예측할 수 있는 BRCA1 유전자 같은 것이 대표적 사례이다.

미국의 유명한 배우 앤젤리나 졸리는 유방암에 걸렸던 자신의 어머니가 BRCA1 유전자를 갖고 있었고, 자신도 역시 BRCA1 유전자를 갖고 있었기 때문에 유방암이 발생할 확률이 매우 높다는 것을 알았다. 그녀는 유명인 중에서는 최초로 유방암이 발생하기 전에 자신의 유방을 예방적으로 절제하는 수술을 받았다.

그런데 유전공학의 발전으로 과학자들은 이보다 더 놀라운 일도 일어날지 모르는 획기적인 신기술을 개발하는 데 성공했다. 그것은 바로 CRISPER-CAS9이라는 유전자 편집 기술이다.[11] 이제는 어떤 생물의 유전자 지도를 파악하는 데 그치지 않는다. 유전자 중에서 이상이 있는 유전자 부분만을 잘라내고 정상적인 유전자로 그 부분

---

[10] 인간의 유전자에 대한 연구 성과에 대해 더 잘 알기 원하는 분은 Richard Resnick이 2011년 6월 미국 메사추세츠주 보스톤에서 했던 TED 강좌 "게놈 혁명에 오신 걸 환영합니다"와 Riccardo Sabatini가 2016년 2월 캐나다 브리티시콜롬비아주 밴쿠버에서 했던 TED 강좌 "유전자를 읽고 사람을 만드는 방법"을 참고하라.

[11] 유전자 편집기술인 CRISPER CAS9에 대해 더 잘 알기 원하는 분은 Jennifer Doudna가 2015년 9월에 영국 런던에서 했던 TED 강좌 "이제 DNA를 조작할 수 있지만, 현명하게 합시다"와 Ellen Jorgensen이 2016년 6월에 캐나다 앨버타주 밴프에서 했던 TED 강좌 "유전자 가위에 대해 알아야 하는 것"을 참고하라.

을 대체할 수 있는 기술이 개발되어 여러 곳에 적용되고 있다.

한 연구팀은 돼지의 유전자 중에서 지방 생성에 관여하는 유전자를 이 유전자 편집 기술로 잘라내어 지방이 거의 없는 근육질의 돼지를 만들어내는 데 성공하였다.

이러한 기술들의 놀라운 발전으로 인해 사람들은 과거에는 샤머니즘 신앙을 가리킬 때 사용하던 '미신'이란 개념을 이제는 기독교를 비롯한 모든 고등 종교에도 확대하여 사용하고 있는 것 같다.

즉, 모든 종교를 '미신'이라고 보는 것이다. 과거에는 그래도 무속신앙과 기독교에는 수준 차이가 있었다고 여겼는데 이제는 별 차이가 없는 비과학적이고 비합리적인 행태로 보는 것이다. 4차 산업혁명 시대에 하나님의 입지는 점점 더 위축되고 있다. 기독교도 점점 더 주변으로 밀려나고 있다.

'틈새의 하나님'이라는 개념이 있다. 이것은 창조자의 존재에 대해서 논증하는 한 방식과 관련된다. 세상에서 당대의 지식과 과학기술로 설명할 수 없는 부분이 나타나면 그것이 바로 하나님의 창조를 보여주는 것이라고 주장하는 방식의 약점을 지적하는 것이다.

과학기술이 발전하면 할수록 하나님이 원인이 되는 부분이 작아진다. 결국, 하나님은 뼈대가 아닌 틈새를 설명하는 정도의 존재로 축소되는 것이다. 4차 산업혁명 시대에 사람들이 인식하는 하나님의 모습도 틈새의 하나님 개념과 유사해질 수 있다.

아직은 공상과학영화에서나 나오는 장면이지만, 강력한 인공지능이 온 세상에 연결된 사물인터넷 망을 장악하고 자신의 존재에 방해가 되는 인간들을 통제하거나 제거하기 시작한다면 그 인공지능은 우리 인간에게는 마치 하나님과 같은 거대하고 강력한 존재로 인식될 것이다.

이 인공지능의 능력은 크긴 하여도 유한하므로 하나님의 능력과는 비교될 수 없지만, 작고 유한한 인간으로서는 이 인공지능의 능력이 너무 커서 하나님의 능력과 별 차이를 느끼지 못하게 될 수도 있기 때문이다. 그럴 때 인간은 혼란에 빠질 수 있을 것이다.

3. 우리는 어떻게 해야 하는가?

창조주 하나님께로 돌려져야 할 영광이 하나님의 형상을 가진 존재인 인간에게로 돌려지고 있다. 각종 첨단 기술은 문화명령의 수행 결과로 산출된 아름다운 열매 수준에 그치지 않고 오히려 우상이 되고 있다. 기술이 우리에게 훨씬 더 많은 기회와 혜택을 줄 수 있다고 세상은 끊임없이 주장한다. 기술 문명의 발전을 뒤처지지 않고 따라가야 한다고 나들 말한다.

바야흐로 지금 세상은 굳이 신을 의지하지 않아도, 그럭저럭 살아갈 수 있다. 우리나라 역사상 국민의 평균적인 생활 수준이 이렇게 높았던 적은 아마 없었을 것이다. 사람들은 과거 어느 때보다도 자신감이 넘쳐난다. 지금 우리 사회는 기본적인 의식주 문제는 대체로 해결되어 있으며, 의료 혜택도 전반적으로 매우 높은 수준으로 받을 수 있다.

물론 여전히 자녀 양육과 교육 부분에서의 고통, 다른 사람과의 관계에서의 고통, 사업과 경제적 부담으로 인한 고통, 현대 의료기술로도 치료할 수 없는 불치병의 고통, 불의의 사고로 인한 고통 등 여러 가지 고통이 남아있기는 하지만 말이다.

하나님을 찾는 사람들이 줄어들고 있는 이런 상황에서 우리는 무엇을 어떻게 해야 하는가?

이에 대해 몇 가지만 간략하게 제안하고자 한다.

첫째, 그리스도인들은 하나님이 어떤 분이신가에 대하여 더욱 깊이 공부하고 묵상하고 깨달아야 할 필요가 있다.

하나님에 대해 아는 지식이 얕을수록 세상 문화에서 좀 좋다고 하는 것에 더 휘둘리기 쉽다. 하나님을 인격적으로 깊이 알면 유한한 인간의 창작물인 4차 산업혁명의 기술들이 비록 인간의 눈높이에서 볼 때는 대단해 보여도 하나님과 비교하면 보잘것없다는 걸 알게 될 것이다. 앞서 언급한 하나님의 속성들을 하나하나 깊이 묵상하며 하나님을 알아가야 한다.

둘째, 그리스도인들은 이웃 사람들에게 복음 자체를 더 정확하고 자세하게 전하도록 노력해야 한다.

우리가 복음을 들음으로 구원에 이르렀던 것처럼 우리의 불신자 이웃들도 우리가 전하는 복음을 들음으로써만 구원에 이를 수 있다. 4차 산업혁명의 기술들이 아무리 획기적이고 뛰어나더라도 그것들은 여전히 일반은총의 산물이라는 한계를 갖는다. 그것은 우리의 육체의 기능을 회복시키고 수명을 연장해줄 수 있을지는 몰라도 성경에서 말하는 영생을 얻게 해 주지는 못한다.

뛰어난 기술을 가진 불신자들이 어쩌면 우리를 멸시하거나 얕잡아볼지도 모른다. 그러나 그들이 가진 기술이나 그들의 자신감이 그들 자신을 구원할 수는 없다. 복음 앞에서는 누구든지 공평하다. 부자나 가난한 자나 권세 있는 자나 힘없는 자나 모두 복음을 들음으로써만 구원에 이를 수 있다. 우리는 우리의 기술이 혹 모자랄까 두려워하지 말고 좀 더 정확하고 담대하게 복음을 전하기 위해 노력해야 한다.

셋째, 그리스도인들은 하나님께서 더욱 큰 능력을 주시도록 간절히 사모하고 구해야 한다.

4차 산업혁명의 기술들이 과거 인간의 무능력을 능력으로 바꾸어 주고 있다. 예를 들어, 신경 손상으로 하지 마비가 되어 일어서지도 걷지도 못하는 사람이 외골격 로봇을 입고 서서 걸어 다닐 수 있게 되었다. 예수님과 사도들의 사역 중에서 우리는 앉은뱅이를 일으키는 역사를 볼 수 있다. 기술이 기적을 따라잡고 있다.

그러나 기술이 아무리 발전해도 할 수 없는 영역이 있다. 그런 한계에 직면하여 사람들이 낙심하고 있을 때 그리스도인들은 예수님과 사도들이 그랬던 것처럼 하나님의 크신 능력이 임하도록 간절히 기도해야 한다. 하나님의 나라는 말에 있지 않고 능력에 있기 때문이다.

넷째, 그리스도인들은 4차 산업혁명의 주요 기술들이 하나님을 대적하는 용도로 사용되지 않도록 기준을 제시하는 역할을 해야 한다.

앞에서 본 것처럼 4차 산업혁명의 주요 기술들은 인간의 능력을 여러 방면에서 획기적으로 강화한다. 그런데 그런 기술들이 피조 세계를 잘 다스리며 문화를 융성하게 함으로써 하나님의 영광을 드러내는 최초의 문화명령 취지를 따르지 않는다면 심각한 문제를 야기한다. 기술 발전이 이웃에 해를 끼치거나 자연 세계를 훼손하거나 더 심각하게는 기술을 우상화하고 하나님을 대적하는 지경에 이르면, 만유의 주가 되시는 하나님 앞에 세상은 아무 쓸모 없는 것이 되고 만다. 그리스도인들은 세상이 그렇게 하나님을 떠나 표류하도록 방관해서는 안 된다.

다섯째, 더 나아가 그리스도인들은 4차 산업혁명의 주요 기술들이 교회를 위하여 사용될 수 있는 방안들을 적극적으로 찾아서 활용해야 한다.

기술을 발전시킬 수 있는 인간의 특별한 창조성은 하나님으로부터 받은 고귀한 자질이다. 신자든 불신자든 이 특별한 창조성을 갖고 있다. 특히 그리스도인들은 특별계시를 받은 정말로 더 특별한 존재이다. 그리스도인만이 특별계시의 조명에 따라서 전 인류에게 주어졌던 문화명령의 참된 의미가 무엇인지를 왜곡 없이 이해할 수 있다. 그리고 그 장엄한 명령에 더욱더 온전히 순종할 수 있다.

그리스도인들은 타락하기 전의 아담과 하와가 가졌을 만한 또는 그 이상으로 온전하고 탁월한 지식과 능력을 발휘할 수 있어야 한다. 사람들이 개발한 기술들이 무엇보다 하나님의 나라를 위해 사용될 수 있어야 한다. 하나님의 영광을 궁극적인 목적으로 바라보며 각종 기술을 개발해야 한다. 이런 것들이 4차 산업혁명이라는 전대미문의 기술 발전 시대에 위축되고 있는 하나님의 입지를 다시금 넓히는데 기여할 것이다.

◆ 그룹 스터디를 위한 질문들

1. 하나님의 비공유적 속성이란 무엇인가?

2. 하나님의 공유적 속성이란 무엇인가?

3. 4차 산업혁명 시대의 기술 발전이 하나님에게 어떤 도전이 되는지 몇 가지 하나님의 속성별로 이야기해 보라.

4. 앤젤리나 졸리는 유방암을 유발하는 BRCA1 유전자를 자신이 갖고 있다는 것을 알고 암이 발생하기 전에 유방 절제 수술을 받았다. 그녀의 선택에 대해 어떻게 생각하는가?

5. 하나님이 덜 필요해진 세상, 하나님의 입지가 점점 더 위축되는 시대에 그리스도인들은 어떻게 해야 하는가?

4차
산업혁명과
그리스도인의
삶

제3장

4차 산업혁명 시대의 창조,
인간도 세상을 창조하다

제3장

4차 산업혁명 시대의 창조, 인간도 세상을 창조하다

하나님은 '자연 세계'(natural world)를 창조하셨고, 인간은 '가상 세계'(cyber world)를 창조하였다. 하나님은 태초에 무(無), 즉 아무것도 없는 상태로부터 시간과 공간을 함께 만드셨다. 성경에 기록되어 있는 인류 역사 속에서 인간은 무수히 많은 창조적 행위를 하고 여러 가지 창조물을 남겼지만, 그것은 어디까지나 자연 세계에 종속되거나 의존하는 것들이었다. 인간이 많은 문화적 산물을 만들어냈지만, 그것은 어디까지나 자연 세계의 일부였다.

인류가 4차 산업혁명 전까지 보았던 세상은 실은 아담과 하와가 처음에 관리를 맡았던 에덴 동산의 확장판이라 하겠다. 그런데 우리는 4차 산업혁명 시대에 하나님이 창조하신 자연 세계가 아니라 사실상 인간이 최초로 창조한 가상 세계를 접하게 되었다. 인간은 가상 세계에서 온갖 것들을 자기 뜻대로 할 수 있다.

이로써 인간은 창조주의 자리에 오르게 되었다. 하나님이 천지창조에 대해 계획하고 실제로 세상을 만드시고 그 후에는 계속해서 섭리하시는 것처럼, 인간은 가상 세계의 창조에 대해 계획하고 실제로 가상 세계를 만들고 그 후에는 계속해서 유지 보수 작업을 한다.

태초에 하나님이 천지를 창조하시니라(창 1:1)

이 말씀으로 시작되는 창세기 1장은 하나님이 세상을 창조하셨다는 사실을 우리에게 알려주고 있다. 하나님은 첫째 날에 빛을 만드시고 낮과 밤을 구분하셨다. 둘째 날에는 하늘, 즉 궁창을 만드시고 궁창 아래의 물과 궁창 위의 물로 구분하셨다. 셋째 날에는 물을 한곳으로 모으시고 뭍이 드러나게 하셔서 이를 땅이라고 부르셨다. 그리고 그 땅이 풀, 씨 맺는 채소, 씨 가진 열매 맺는 나무를 내도록 하셨다.

넷째 날에는 하늘의 궁창에 두 개의 큰 광명체를 만드시고 각각 낮과 밤을 주관하게 하셨으며, 별들도 만드셨다. 다섯째 날에는 큰 바다짐승들, 물에서 사는 모든 생물들, 날개 있는 모든 새들을 만드셨다. 여섯째 날에는 가축들, 기는 것들, 땅의 짐승들 그리고 최초의 인류인 남자와 여자를 만드셨다.

우리는 애매한 고난을 겪던 욥에게 하나님이 나타나 당신이 창조주 이심을 알게 하시는 장면을 본다. 이 장면을 욥기 38-41장에서 찾아볼 수 있다. 하나님은 욥에게 욥이 당한 모든 고난이 하나님의 주권에 속한 것이기에 인생은 그 앞에 아무런 불평도 할 수 없다는 것과 하나님 당신이 어떤 분인가를 연속해서 드러내신다.

내가 땅의 기초를 놓을 때 네가 어디 있었느냐 네가 깨달아 알았거든 말할지니라(욥 38:4)

바다가 그 모태에서 터져 나올 때 문으로 그것을 가둔 자가 누구냐(욥 38:8)

네가 너의 날에 아침에게 명령하였느냐 새벽에게 그 자리를 일러 주었느냐(욥 38:12)

네가 묘성을 매어 묶을 수 있으며 삼성의 띠를 풀 수 있겠느냐 (욥 38:31)

가슴 속의 지혜는 누가 준 것이냐 수탉에게 슬기를 준 자가 누구냐(욥 38:36)

이런 무수한 말씀을 통해 하나님은 욥에게 당신이 창조주라는 사실을 계시하신다.

1. 하나님의 자연 세계 창조의 특징

하나님은 자연 세계를 창조하셨다. 그리스도인들의 대표적인 신앙고백인 사도신경 첫 부분도 "전능하사 천지를 만드신 하나님 아버지를 믿사오며"로 시작한다. 이는 창조주 하나님이 만물의 기원이 됨을 시사한다. 따라서 창조는 아주 특별한 일을 가리키는 것이다.

'창조'의 개념은 크게 세 가지로 구분할 수 있다.

① 엄격한 의미로, "하나님이 자신의 주권적인 의지에 의하여 자신의 영광을 위해, 태초에 모든 가시적이고 불가시적인 우주를, 이미 있는 재료를 사용하지 않고 생기게 하시고, 그리하여 자신과 구별되면서도 언제나 자신에게 늘 의존하는 실체가 되게 하신 하나님의 자유로운 행동"이다.[1]
② 인간이나 동물의 창조처럼 이미 존재하는 재료이지만 최종 창조물과는 본질에서 성격이 다른 기존 재료를 사용하여 다른 존재를 만드는 경우도 있다.
③ 인간이 후손을 잉태할 때와 같이 동일한 종류의 생명체라 하더라도 후손이 생겨나는 것을 창조라고 할 수 있다.

하나님의 창조 사역은 절대적으로 독특하다. 앞서 언급한 세 가지 유형의 창조는 오직 하나님께만 속해 있는 것이다. 인간은 하나님의 형상으로 지음 받은 피조물로서 특별한 지위와 능력을 갖고 있지만 이 세 가지 창조 중에서 어떤 것도 행할 수 없다.

이러한 하나님의 창조 사역이야말로 자존하시는 하나님, 변함이 없으신 하나님, 영원하신 하나님, 광대하신 하나님, 모든 것을 아시는 하나님, 능력이 지극히 크신 하나님을 우리가 알 수 있게 해 주

---

1   Berkhof, 『벌코프 조직신학』, 333.

는 특별한 사역이라 하겠다.

이와 대조적으로 하나님의 창조 사역 때문에 존재하게 된 자연 세계는 하나님이라는 존재와는 본질적인 특성이 매우 다르다. 자연세계 또는 세상은 하나님에 대해 의존적이며, 유한하고, 시간의 제약을 받는다. 하나님과 세상은 그런 면에서 불연속적이다. 범신론의 주장처럼 하나님의 존재 일부가 흘러나와서 세상이 이루어진 것이 아니다. 하나님은 하나님이고 세상은 세상이다.[2]

그러나 그렇다고 해서 세상이 창조된 후에는 하나님과 세상이 아무런 관련을 갖지 않는 것은 아니다. 이신론의 주장이라 할 수 있는 이런 관점은 성경적인 관점이 아니다. 하나님은 세상 모든 존재 안에 계신다. 그래서 우리는 이를 '하나님의 편재성' 또는 '하나님은 무소부재하신다'라고 표현한다. 하나님은 초월적인 존재이면서 동시에 이처럼 내재적인 존재이다.

한편 우리는 하나님의 천지창조의 목적이 무엇인가에 대해 궁금해할 수 있다.

부족함이 없는 하나님이 왜 세상을 창조하셨을까?

이에 대한 답은 전통적으로 하나님의 영광을 드러내기 위한 것이라고 말한다.[3] 피조물로부터 영광의 찬미를 받는 것은 궁극적인 목적이라고 할 수 없다. 물론 하나님의 영광을 찬미하는 것은 피조물의 존재 목적이라고 할 수는 있을 것이다. 그러나 하나님의 천지창조의 목적은 피조물들로부터 무엇을 받고자 함이 아니라 어디까지

---

2   Berkhof, 『벌코프 조직신학』, 339.

3   Berkhof, 『벌코프 조직신학』, 341.

나 하나님의 영광 발산에 있다.

또 한 가지 유의할 점은 하나님의 창조는 자연 세계의 창조에만 국한되지 않는다는 것이다. 하나님은 영적 세계도 창조하셨다. 성경에서 영적 세계의 존재들은 천사들에 대한 설명에 치중되어 있다. 천사들은 무형적이고 영적 존재이나 하나님처럼 무한하지 않으며 유한하고 제한적이다. 그들은 어디까지나 피조물이다. 그리고 이성을 갖고 있으며, 도덕적이며, 일부는 선하고 일부는 악하다. 이런 천사들은 다수가 존재하며 그룹, 스랍, 정사, 권세, 능력, 주관자 등의 여러 이름으로 불리고 있다.[4]

2. 인간의 가상 세계 창조의 특징

하나님의 형상으로 만들어진 인간은 하나님의 창조성을 본받아 처음부터 창조의 일을 수행해 왔다. '피조물'이지만 하나님을 닮은 '인격체'이기 때문에 하나님의 창조성과 유사한 특성이 인간에게도 존재한다. 하나님이 창세기 1장 28절에서 최초의 인류에게 주셨던 "생육하고 번성하여 땅에 충만하라, 땅을 정복하라, 바다의 물고기와 하늘의 새와 땅에 움직이는 모든 생물을 다스리라"는 명령은 인간이 하나님을 대신하여 하나님처럼 세상을 다스릴 것을 요구하신 것이다. 우리는 이 명령을 흔히 '문화명령'(cultural mandate)이라고 부른다.

---

[4] Berkhof, 『벌코프 조직신학』, 349-353.

인간은 하나님으로부터 하나님의 창조물인 세상을 잘 다스리며 문화를 발전시켜야 하는 명령을 받은 존재이다. 아담이 했던 일 중에 성경에 기록되어 있는 첫 번째 일이 바로 각종 동물의 이름을 짓는 것이었다. 창세기 2장 20절에는 "아담이 모든 가축과 공중의 새와 들의 모든 짐승에게 이름을 주니라"라고 기록되어 있다. 이것은 하나님이 창조하신 자연 세계의 존재들에게 지적 능력과 창의성을 가진 아담이 '이름'을 처음으로 '만들어' 주는 사건이다.

물론 아담이 새로운 실재를 창조한 것은 아니다. 어디까지나 하나님의 창조 사역으로 이미 존재하고 있던 존재들에게 자신이 이해할 수 있는 언어로 각 존재를 구별할 수 있는 표지를 붙인 것이다. 이 작업은 인지적인 작업에 불과했지만, 인간이 가진 독특한 창조성이 드러난 대표적인 사례라고 할 수 있다.

인간은 자신의 창의성을 발휘하여 문화 발전을 위해 노력했다. 예를 들어, 창세기 6장에서 노아가 만들었던 방주는 세상을 모두 잠기게 하고 모든 지상 생물을 멸절시켰던 전 지구적 홍수라는 전대미문의 격변에도 침수되거나 파손되지 않았던 놀라운 선박 건조 기술을 보여준다.

모세가 40년간 왕자의 자리를 누릴 수 있게 해 주었던 애굽의 문화는 당시 찬란했던 세상 문화의 절정을 보여준다. 솔로몬이 건축한 예루살렘 성전은 당대에 어디서도 찾아볼 수 없는 탁월한 양식을 보여준다. 오순절 성령 강림 후 사도들과 많은 제자가 세계 각지로 복음을 전하기 위해 걸었던 도로망은 로마 제국의 인프라가 얼마나 발전되었는지를 보여준다.

그 이후로도 세상은 계속해서 문화를 발전시켜왔다. 전기의 발견과 각종 전기·전자 기기의 발명들이 세상을 얼마나 변화시켰는지 모른다. 자동차, 트럭, 기차 등의 이동 수단들과 비행기의 발명, 심지어 우주로의 여행을 가능하게 하는 우주선의 개발은 인류의 문화에 커다란 변화를 일으켰다. 화학과 재료공학 분야의 발전은 인류가 그동안 전혀 알지 못했던 새로운 소재와 물질들을 광범위하게 사용할 수 있게 만들었다. 의학 분야의 발전도 눈부시다.

그러나 이러한 인간의 창조물들은 하나님의 창조물들과는 가장 기본적인 특징에서 다르다. 하나님의 창조는 무로부터의 창조, 성질상 부적합한 재료로부터의 창조, 존재하지 않던 생물의 창조 등의 세 가지 특징을 갖는데, 인간의 창조는 이 세 가지 중 어디에도 해당되지 않는다.

인간의 창조는 이미 존재하는 어떤 존재들에 의미를 붙이는 창조 또는 이미 존재하는 재료를 이용하여 인간에게 좀 더 가치를 주는 새로운 존재의 창조 등 두 가지 형태를 보인다. 특히 이 경우에도 생물의 창조는 불가하다. 그러므로 인간의 창조는 어디까지나 하나님의 창조의 결과인 자연 세계 안에 포함된 것이다. 인간의 모든 창조물에 대하여 인간은 자연 세계의 한 부분으로서 가지는 한계와 제약 안에서만 통제할 수 있다. 그러므로 인간도 창조자이긴 하지만 인간의 창조물은 하나님의 창조물의 일부로서 기능할 뿐이다.

그런데 4차 산업혁명 시대는 인간이 발휘하는 창조성의 특징 중에서 그 전과는 다른 양상을 보여주고 있다. 가장 대표적인 사례는 바로 '가상 세계'의 창조라고 할 수 있다. 인간이 진짜 세계의 존재들과 관련하여 만들어낸 창조물들은 자연계에 존재하는 법칙에 따라서 창조성을 발휘해야만 결과물을 얻을 수 있었다.

자연법칙을 따르지 않는 인간의 상상들은 단지 문학 작품이나 영화 등에만 부분적으로 존재하는 인지적인 문화적 산출물에 지나지 않았다. 그런 것들은 인류에게 새로운 자극을 주거나 미처 생각하지 못한 낯선 관점에서 바라볼 수 있게 하는 유익을 어느 정도 주기도 했다. 그러나 그것은 어디까지만 실제 세계에 종속된 아주 작은 일부분에 불과했다. 그런데 4차 산업혁명 시대에 더욱 확장되고 있는 가상 세계는 지금까지의 양상을 크게 바꾸고 있다.

가상 세계는 전형적으로 인터넷으로 연결된 커뮤니케이션 네트워크에 존재하는 세계를 가리킨다. 이것을 가리킬 때 '가상공간'(cyberspace)이라고도 하고, 그냥 '인터넷'이라고 부르기도 하고, 오프라인과 대조하여 '온라인'이라고 말하기도 한다. 가상 세계는 여러 개가 존재한다.

예를 들어, 가장 큰 세상으로 인터넷으로 연결된 모든 사람이 포함된 세계가 있을 것이다. 페이스북에 가입된 사람들의 세계나 인스타그램에 가입된 사람들의 세계가 있을 것이다. 에어비앤비나 우버에 가입된 사람들의 세계도 있다. 네이버나 다음의 동호회에 가입된 사람들의 세계도 있으며 카카오톡으로 연결된 사람들의 세계도 있다. 구글과 유튜브로 연결된 세계는 인간의 시야와 지식의 한계를 획기적으로 확장시켰다.

이런 다양한 가상 세계는 인간의 신체적·정신적 한계를 초월하여 다른 사람들과 사회적 상호작용을 할 수 있게 해 주며, 경제적

이익을 창출하거나 기타 다양한 가치를 뽑아낼 수 있게 해 준다. 가상 세계가 없었다면 불가능했을 수많은 일이 가상 세계를 통해서 가능해졌다.

가상 세계 중에서도 '가상'이라는 특성이 가장 두드러지게 드러나는 분야는 바로 온라인 게임이다. 온라인 게임을 즐기는 사람들은 각각의 온라인 게임의 세계에 빠져 있으며 그 세계에서 다양한 캐릭터로 활동한다. 특히 온라인 게임 세계에서는 자연 세계의 법칙에 따르지 않고도 생존할 수 있다. 온라인 게임 세계에서의 생존은 하나님의 작정과 섭리에 달린 것이 아니라 게임 개발자의 알고리즘에 달려 있다.

사실 인간은 인터넷으로 연결된 가상 세계를 창조함으로써 역사상 최초로 하나님의 자연법칙을 따르지 않고도 인간이 임의로 정한 가상 세계의 법칙을 통해 가상 세계 전체를 통제할 수 있게 되었다. 비록 가상 세계는 실제 세계인 자연 세계와 구별되는 인지적인 네트워크로서의 세상이지만 과거와 달리 가상 세계가 인간의 인지 활동에서 차지하는 비중은 4차 산업혁명 시대가 시작되면서 획기적으로 증가하였다.

사람들은 이제 가상 세계의 활동을 위해 많은 시간과 노력과 자원을 사용하고 있다. 많은 경우에 가상 세계의 활동이 실제 세계의 활동과 연계되어 있기는 하지만 때로는 가상 세계 안에서만 돌아가는 활동들도 적지 않다.

그동안 인간은 역사적으로 수많은 문화와 문명을 발전시켜왔지만 하나의 '세계'를 인간의 마음대로 움직일 수 있도록 창조한 경우는 없었다. 4차 산업혁명 시대의 특징을 잘 나타내는 '초연결 사회'(hyper-connected society)라는 표현은 바로 이러한 가상 세계의 대두를 염두에 둔 것이다.

3. 가상 세계의 기회와 위협

창세기 1장은 하나님이 창조된 세상에 대하여 매번 '좋았다'라고 평가했다는 것을 알려준다. 첫째 날부터 다섯째 날까지 매일 '좋았다'라고 하셨고, 인간을 창조한 여섯째 날에는 '심히 좋았다'라고 평가하였다. 인간은 하나님을 닮은 존재이기에 인간도 하나님처럼 가상 세계에 대해 이런 생각을 갖는다. 가상 세계는 인간이 만들어 낸 에덴동산이다. 창세기의 에덴동산은 하나님이 만들고 하나님이 규칙을 부여했지만, 가상 세계는 인간이 만들고 인간이 규칙을 부여한다.

자기 생각대로 만들어져 움직이는 가상 세계를 볼 때 인간은 천지를 창조하신 하나님의 평가처럼 기쁨을 느낄 수 있다. 인터넷이 본격적으로 확산되기 전 천리안, 하이텔, 유니텔 같은 PC 통신 서비스를 이용해 커뮤니티 활동을 하던 사람들은, 인터넷이 확산되고 1990년대 말 '아이러브스쿨,' '싸이월드' 같은 커뮤니티 서비스가 새로 나타나자 환호하였다. 이 두 가지 비즈니스 모형은 현재의 페이스북과 사실상 유사하다. 한동안 수많은 대한민국 국민이 아이러브스쿨과 싸이월드에 빠졌었다.

그다음에는 '네이버'와 '다음'의 커뮤니티 서비스에 사람들이 환호하였다. 이제는 '페이스북'과 '인스타그램'에 열광하고 있다. 이 외에도 특수한 형태의 여러 온라인 커뮤니티가 수없이 많이 개발됐다. 인류는 이런 가상 세계가 창조될 때마다 기뻐하며 '좋았다'라고 평가해왔다. 이제 인류는 가상 세계 없이는 살 수 없는 지경이 되었다고 해도 과언이 아닐 것이다.

인류는 가상 세계에 환호해왔다. 가상 세계는 분명히 인류에게 새로운 기회를 열어주고 있다. 그러한 기회 요인으로는 다음과 같은 것들을 생각해볼 수 있다.

첫째, 가상 세계는 다른 사람들과 관계를 형성하고 지속할 수 있도록 해 주는 유익을 제공한다.

과거의 아이러브스쿨이나 싸이월드 그리고 현재의 페이스북이나 인스타그램은, 우리가 사람들과의 관계 관리에 충분한 노력을 하지 못하여 관계가 단절될 수밖에 없었던 사람들과의 관계를 매우 적은 시간과 노력의 투자로 관리할 수 있게 해 준다. 실제로 오가기는 어려운 먼 외국에 있는 사람들과도 쉽게 교제할 수 있다. 또한, 새로운 사람들을 친구로 알게 되고 가상 세계의 활동을 통해 다른 사람들을 깊이 알게 되기도 한다. 사람들의 인간관계가 비교적 투명하게 드러나기 때문에 신뢰도가 높은 관계를 맺어갈 수 있다.

사람들은 모두 다른 사람과의 커뮤니케이션과 관계에 대한 욕구가 있다. 가상 세계는 사람들이 가진 관계의 욕구를 보다 쉽게 채워줄 수 있다. 그러다 보니 가상 세계에는 사람들이 아주 많이 모여 있다. 사람들을 많이 만나기 위해서 굳이 강남역이나 대학로에 가지 않아도 된다. 가상 세계 안에서 특징별로나 관심사별로 많은 사람을 만날 수 있기 때문이다.

둘째, 가상 세계는 실제 세계에서는 할 수 없었던 것을 함으로써 만족감과 삶의 의미를 찾도록 해 준다.

가상 세계에서는 실제 세계에서는 접근조차 할 수 없었던 유명인사에게 쉽게 접근할 수 있고, 친구가 될 수 있으며, 커뮤니케이션할 수 있다. 전문가가 아니거나 중요한 자리에 있지 않아서 발언할 기회가 없었던 사람도 가상 세계에서는 공평하게 자신의 의견을 표명할 기회가 주어진다.

그래서 때로는 실제 세계에서는 별 볼 일 없는 사람이 가상 세계에서는 상당한 영향을 미치는 인물이 되어 있기도 하다. 실제 세계에서 만족을 얻지 못하고 불만이 있는 사람들의 경우 가상 세계에서의 활동으로부터 그것을 상쇄할 수 있는 만족을 얻을 수도 있다. 가장 적나라하게는 온라인 게임이나 독립된 환경의 게임에서 성취감을 얻으며 대리 만족을 얻는 경우도 있다. 가상 세계는 이처럼 사람들이 실제 세계에서 얻지 못한 혜택을 줄 수 있다.

셋째, 가상 세계는 가상 세계의 구성원들이 가진 자원을 보다 쉽게 교류할 수 있도록 해 준다.

가상 세계는 인터넷을 통해 온 세계가 연결되어 있다. 인터넷으로 연결된 가상 세계에서는 커뮤니케이션이 텍스트, 이미지, 영상 등을 이용해 이루어지므로 사람들 간의 오프라인 관계에서 이루어지는 구두 커뮤니케이션보다 정확도가 높다. 시간이 지나도 사람들의 기억처럼 희미해지지 않고 데이터가 보존되므로 정확도가 높다.

그리고 동시에 많은 사람이 참여하여 커뮤니케이션할 수 있으므로 정보의 공유와 확산이 신속하고 정확하게 이루어질 수 있다. 이런 특성 때문에 가상 세계는 이 세계의 참여자들이 보유하고 있는 자원들과 그중에서 교류가 가능한 자원들을 쉽게 파악할 수 있다. 그래서 가상 세계 자체가 일종의 '자유 시장' 역할을 할 수 있다.

요즘은 대다수 지식이 가상 세계 안에 존재하며, 사람들은 가상 세계 안에서 대부분의 필요한 지식을 검색하여 자신의 것으로 가져갈 수 있다. 전 세계 주택의 여유 공간을 숙박이 필요한 사람에게 공유할 수 있도록 하는 플랫폼을 제공한 에어비앤비도 바로 이러한 특징을 이용한 것이다. 무크라는 일종의 온라인 학교가 큰 인기를 끌고 있는 것도 이런 특징을 잘 보여준다.

넷째, 가상 세계는 가상 세계의 구성원들을 대상으로 그전까지는 창출해낼 수 없었던 경제적 이익을 창출하는 기회를 제공한다.

가상 세계는 실제 세계와 연결된 인간들이 구성원으로 참여하고 있다. 그들은 소비와 투자를 하는 주체들이다. 따라서 가상 세계의 구성원들은 모든 상품의 잠재적 구매자이며, 제품과 서비스를 판매하는 기업들은 가상 세계의 구성원들에게 자사의 상품 구매를 유도할 수 있다. 빅데이터 분석을 이용하여 타깃 마켓을 설정하고 맞춤형 광고를 실행하는 일, 아직은 존재하지 않는 새로운 상품을 만들어 제공하는 일이 가상 세계에서 보다 수월하게 수행될 수 있다.

또한 사람들은 가상 세계 자체를 위해서 돈을 쓰기도 한다. 자신의 블로그나 SNS 계정을 꾸미는 데에, 심지어는 온라인 게임 세계 안에서 자신의 캐릭터와 관련된 환경을 좋게 만드는 데에 적지 않은 돈을 쓴다. 이런 돈은 고스란히 서비스 제공자들의 수입이 된다. 소규모 소매 기업들의 경우에는 페이스북 같은 SNS를 이용한 마케팅이 매우 효과적으로 이용되고 있다.

그렇다면 반대로 가상 세계가 우리에게 위협이 되는 요소는 어떤 것이 있을까?

이런 부분에 대해서도 주의 깊게 논의해야 할 것이다. 우리는 다음과 같은 것들을 떠올릴 수 있을 것이다.

첫째, 가상 세계는 우리가 실제 세계에 몰입하고 헌신하는 것을 방해할 수 있다.

즉, 실제 세계의 힘든 상황을 모면하고자 가상 세계로 도피하여 현실 감각을 잃어버리게 할 수 있다. 우리는 늘 하나님이 우리에게 주신 '문화명령'과 '지상명령'을 기억해야 한다.

> 생육하고 번성하여 땅에 충만하라, 땅을 정복하라, 바다의 물고기와 하늘의 새와 땅에 움직이는 모든 생물을 다스리라(창 1:28)

> 너희는 가서 모든 민족을 제자로 삼아 아버지와 아들과 성령의 이름으로 세례를 베풀고 내가 너희에게 분부한 모든 것을 가르쳐 지키게 하라(마 28:19-20)

예수 그리스도의 지상명령을 따르는 일은 아무런 수고와 고난 없이 저절로 되는 것이 아니다. 많은 사람들은 실제 세계에서 이 명령들을 따르기 위해 씨름한다. 그러나 가상 세계의 창조 이후 사람들은 실제 세계에서 요구되는 투쟁적인 삶으로부터 도피하기가 쉽게 되었다. 일본에서는 실제 세계에서 도피하여 가상 세계에 빠져 지내며 실제 인간관계는 거의 망가진 채로 지내는 '히키코모리'가 문제가 되었다. '은둔형 외톨이'라고도 하는 이런 사람들이 많이 증가하였다.

이 정도까지는 아니더라도 실제 세계에서 무엇인가를 하는 데에 자신의 힘을 충분히 쓰지 못하고 가상 세계에서 무엇을 하는 것으로 만족하며 살아가는 사람들이 많아졌다. 이들은 자기 나름대로는 열심히 가상 세계에서 무엇인가를 하고 있지만 유익한 가치를 창출하지는 못하는 채 그저 시간만 보내고 있는 경우가 많다. 이것은 일종의 '게으름'이나 '방탕'으로 하나님이 지극히 싫어하는 행위다.

둘째, 실제 세계의 정보가 가상 세계에 엄청난 규모로 담겨 있어서 이 정보를 통해 우리의 일거수일투족을 파악할 수 있다.

이는 심각한 정보 보안 문제와 개인의 사생활 침해 문제를 야기할 수 있다. 이제 페이스북이나 구글은 나 자신보다 나에 대해서 더 많은 정보를 갖고 정확하게 판단할 수 있게 되었다. 한 개인이 어디에 있는지, 무엇을 하는지, 누구를 만나는지, 왜 특정한 행동을 하는지, 무엇을 좋아하고 구매하는지, 앞으로 무슨 일을 할 것인지 등에 대해 가상 세계를 제공하는 플랫폼이 나보다 더 잘 알 수 있다.

지금 당장에는 개인의 생활습관과 행동 양식을 분석하여 적절한 상품을 구매하도록 제안하는 정도이지만, 차후에는 모든 정보를 플랫폼을 제공하는 기업이 갖고 있는 이상, 그 정보들이 이보다 더 악랄한 용도로 사용될 가능성이 완전히 차단되었다고 할 수는 없다.

셋째, 가상 세계는 실제 세계처럼 자연법칙에 의한 질서 유지가 불가능하며, 대다수 참여자의 의사와는 관계없이 뛰어난 소수에 의해 보다 쉽게 조작될 수 있다.

소위 '드루킹 사건'으로 불리는 네이버 뉴스 댓글 조작 사건이 대표적 사례라고 할 수 있다. 보통 사람들은 잘 알지 못하는 매크로 기술을 이용하여 수많은 댓글을 프로그램이 자동으로 달도록 하여 여론을 조작하는 일이 실제로 가능한 것이다. 이는 자유민주주의의 기본 개념을 무너뜨리는 심각한 범죄 행위이다. 그런데 이런 일이 가상 세계에서는 계속해서 터져 나올 것이다. 사람들 속에 있는 악한 본성이 돈과 권력을 위해 다른 사람들을 속이고 짓밟도록 부추기기 때문이다.

4. 에덴동산의 실패를 반복해서는 안 된다

이처럼 가상 세계는 우리에게 여러 가지 기회 요인도 되지만 동시에 위협 요인도 된다. 세상의 많은 일이 대개 그렇다. 가상 세계는 인간이 가진 창조성에 의해 창조된 독특한 산물임이 틀림없다. 가상 세계는 어떤 한 사람의 노력으로 뚝딱 만들어진 것이 아니라 수많은 사람의 집합체인 인류의 공동 노력을 통해 만들어진 것이다.

우리는 이 가상 세계에 큰 관심을 기울여야 한다. 이 가상 세계를 방치해서는 안 된다. 왜냐하면, 가상 세계는 현재 온 인류가 엄청난 자원을 투입하여 발전시키고 있는 대상이기 때문이다. 인류가 제한된 자원을 가지고 있으면서 그것을 투입하는 대상은 크게 자연 세계와 가상 세계로 구분할 수 있는데 가상 세계에 대한 투자가 과거와는 비교할 수없이 커졌기 때문이다. 게다가 가상 세계는 많은 경우 실제 세계를 반영하여 연결되어 있다. 가상 세계에서 어떻게 하느냐가 실제 세계의 모습에 큰 영향을 줄 수 있기 때문이다.

인류는 에덴동산에서의 실패를 반복해서는 안 된다. 하나님의 형상으로 지음 받은 특별한 존재이기에 인간은 창조성을 발휘하여 가상 세계를 창조할 수 있었다. 인간은 모든 문화적 산물이 하나님 앞에 온전한 모습을 갖도록 해야 한다. 특히 그리스도인들은 이 사명을 감당하기 위해 늘 아담과 하와의 타락 사건을 반면교사로 삼아야 할 것이다.

◆ 그룹 스터디를 위한 질문들

1. 나는 하나님이 세상을 창조했다는 것을 믿는가?

2. 하나님의 자연 세계 창조에는 어떤 특징들이 있는가?

3. 인간은 가상 세계를 만들었다. 가상 세계는 어떤 특징을 갖고 있는가?

4. 하나님의 자연 세계 창조와 인간의 가상 세계 창조는 어떤 면에서 유사하며 또 어떤 면에서 다른가?

5. 가상 세계가 우리에게 주는 기회는 무엇인가?

6. 가상 세계가 우리에게 주는 위협은 무엇인가?

7. 우리는 가상 세계를 어떻게 대해야 하는가?

4차
산업혁명과
그리스도인의
삶

제4장

4차 산업혁명 시대,
인간도 드디어 자신의 형상을
창조하다

제4장

4차 산업혁명 시대, 인간도 드디어 자신의 형상을 창조하다

하나님이 창조한 세상 만물 중에 가장 고귀한 피조물은 바로 '인간'이다. 인간은 모든 피조물 중에서도 참으로 특별한 존재다. 다윗은 시편 8편 3-9절에서 이러한 인간 존재의 가치에 대해 노래한다. 시인은 이 시를 통해 하나님의 창조를 찬양하며 특별히 그 창조의 절정이라 할 수 있는 인간의 창조를 찬양한다.

> 주의 손가락으로 만드신 주의 하늘과 주께서 베풀어 두신 달과 별들을 내가 보오니 사람이 무엇이기에 주께서 그를 생각하시며 인자가 무엇이기에 주께서 그를 돌보시나이까 그를 하나님보다 조금 못하게 하시고 영화와 존귀로 관을 씌우셨나이다 주의 손으로 만드신 것을 다스리게 하시고 만물을 그의 발 아래 두셨으니 곧 모든 소와 양과 들짐승이며 공중의 새와 바다의 물고기와 바닷길에 다니는 것이니이다 여호와 우리 주여 주의 이름이 온 땅에 어찌 그리 아름다운지요(시 8:3-9)

이 시는 인간 창조의 신학을 잘 담고 있다. 시인은 하늘과 하늘에 있는 달과 별들을 보면서 하나님의 천지창조를 생각한다(3절). 그 광대한 세상을 보는 가운데 왜소한 인간에게 부여된 특별한 지위를 생각한다.

시인이 깨달은 인간의 신분은 너무나 고귀하다. 시인은 하나님이 사람을 "하나님보다 조금 못하게 하시고 영화와 존귀로 관을 씌우셨"(5절)다고 말한다. 하나님은 그런 사람에게 "주의 손으로 만드신 것을 다스리게" 하셨고 "만물을 그의 발아래" 두셨다고 말한다(6절). 하나님이 사람에게 다스리도록 한 피조물에는 소, 양, 들짐승, 새, 물고기, 바닷길에 다니는 것 등 모든 만물을 총망라한다(7-8절). 시인은 그런 하나님을 향해 "사람이 무엇이기에 주께서 그를 생각하시며 인자가 무엇이기에 주께서 그를 돌보시나이까"(4절)라고 고백한다. 그리고 여호와 하나님의 이름이 온 땅에 아름답다고 고백한다(9절).

이처럼 인간은 매우 특별한 존재로 창조되었다. 위로는 하나님만 있고 아래로는 세상 모든 만물이 있으며, 세상 모든 만물을 하나님을 대신하여 다스리는 존재인 것이다. 그런데 이제 인간은 원래 하나님이 창조하지는 않았던 존재를 스스로 창조하여 자신과 세상 만물 사이에 두고 세상을 다스리려 시도하고 있다. 예전에는 존재하지 않던 존재, 하나님을 대신하여 세상의 청지기로 세워진 인간처럼 인간을 대신하여 세상의 청지기로 세워지는 존재를 만들어낸 것이다.

1. 하나님의 형상을 따라 만들어진 인간

흔히 인간은 '하나님의 형상을 따라서 만들어졌다' 또는 '하나님의 형상으로 만들어졌다' 등의 표현을 쓴다. 이 신학적인 용어는 기독교가 인간을 어떻게 보는가에 대해 결정적으로 중요한 단서를 제공한다. 인간이 하나님의 형상을 하고 있다는 것 때문에 다른 동물들과는 구별되는 인간만의 특별함이 주장될 수 있다.

인간은 유물론자들이 이야기하듯이 이런저런 동물 중의 하나일 뿐인 존재가 아니다. 기독교는 인간을 생물학의 종 구분에 따라서 호모 속 사피엔스 종으로 구분하는 것을 거부한다. 이러한 구분은 인간을 진화의 산물로 보며 진화론자들이 인간과 비슷하다고 여기는 침팬지, 오랑우탄 등과 같은 동물들과 공통의 조상으로부터 진화된 결과라고 전제한다.

기독교는 인간이 '하나님의 형상'을 따라서 하나님에 의해 창조된 것으로 믿는다. 창세기 1장 26-27절에는 다음과 같이 기록되어 있다.

> 하나님이 이르시되 우리의 형상을 따라 우리의 모양대로 우리가 사람을 만들고 그들로 바다의 물고기와 하늘의 새와 가축과 온 땅과 땅에 기는 모든 것을 다스리게 하자 하시고 하나님이 자기 형상 곧 하나님의 형상대로 사람을 창조하시되 남자와 여자를 창조하시고(창 1:26-27)

하나님이 자신의 '형상'과 '모양'을 따라서 사람을 만들자고 작정하였다. 구약 성경에서 형상과 모양에 해당하는 단어 '첼렘'과 '데무트'는 바라보는 관점이 약간 다를 뿐 같은 것을 지칭하는 동의어이다. 그래서 우리는 '형상'과 '모양'이란 두 단어를 함께 쓰기보다는 대개 '형상'이라는 표현만을 사용한다.

그러면 인간이 갖고 있는 '하나님의 형상'이란 무엇일까?

이에 대해서는 벌코프의 견해를 참조하자.[1]

① 좁은 의미: 하나님의 형상은 '의'와 '진리의 거룩함' 두 가지를 흔히 말한다. 이 두 가지는 아담이 원래 가지고 있었으나 범죄를 저지르고 처벌을 받으면서 잃어버린 요소들이다. 아담의 후손들은 이 두 가지가 없는 채로 태어나며 그리스도의 구속 사역 때문에 회복된다.
② 넓은 의미: 하나님의 형상은 지적 능력, 감정, 의지, 언어, 도덕 등과 같은 것들을 포함하며 아담의 타락 후에도 여전히 아담에게 남아있던 인간으로서의 자질들을 가리킨다.
③ 영혼이 있는 것, 영혼이 멸절되지 않고 영원히 존재하는 불멸성, 세상 만물에 대한 통치권 등도 하나님의 형상의 요소들이다.

인간은 이처럼 다른 동물들에게는 없는, 인간으로서의 존재를 특징짓는, 여러 가지 중요한 요소들을 갖고 있다. 이러한 하나님의 형상을 하고 있으므로 인간은 다른 동물들과는 비교할 수없이 존귀한

---

1 Berkohf, 『벌코프 조직신학』, 413-419.

지위를 갖는다는 것을 알 수 있다.

앤소니 후크마(Anthony A. Hoekema, 1913-1988)는 이러한 인간 존재를 가리켜 '피조된 인격체'(created person)라고 불렀다.[2] 사람은 철저하게 하나님에게 의존해서만 존재하는 '피조물'이다. 그러나 그것에만 그치지 않고 하나님처럼 '인격'(person)을 갖는다.[3] 독립된 인격체는 영적인 문제, 도덕적인 문제, 자연적인 문제들에 대해서 스스로 생각하고 스스로 결정하고 스스로 실행한다.

그러므로 인간은 하나의 인격체로서 독립적인 의사결정과 자유로운 행위를 하면서도 그 모든 것이 하나님의 뜻 안에서, 하나님의 뜻에 합당하게 이루어져야 하는 아주 특별한 존재이다. 사람이 이런 특별한 존재였기에 하나님은 세상을 창조하면서 여섯째 날에 사람을 만드는 일을 포함한 창조 사역을 마친 후 '심히 좋았다'라고 평가하고 기뻐하였다.

2. 인간의 형상을 따라 만들어진 인공지능 로봇

인간은 자신이 가지고 있는 창조성을 발휘하여 마치 하나님이 인간을 창조한 것처럼 자기도 무엇인가 자신을 닮은 것을 만들고자 하

---

[2] Anthony A. Hoekema, *Created in God's Image* (Grand Rapids: Eerdmans Publishing Company, 1986), 5-10.

[3] 하나님은 삼위로 계시며 성부, 성자, 성령은 각각 독립된 'person'을 갖는다. 'person'을 하나님에 대해 사용할 때는 흔히 '위격'으로 번역하여 사용한다. 사실 이때는 '신격'이라고 해도 된다. 그러나 사람에 대해서 사용할 때는 '인격'이라고 번역하여 사용한다.

는 욕구를 갖고 있는 것 같다. 세상 만물 중에서 인간 자체가 가장 탁월한 존재이기 때문에, 인간의 탐구 활동의 절정은 인간 자체에 대한 것이기도 하다. 인간은 세상을 탐구할 뿐 아니라 자기 자신에 대해 탐구하며 신비의 세계에 대한 지식을 넓혀가고 있다.

역사적으로 인간은 자신의 형상을 그림이나 조각, 동상 등으로 표현해 왔다. 너무나도 유명한 레오나르도 다빈치의 '모나리자,' 빈센트 반 고흐의 '자화상,' 미켈란젤로의 '다비드상'이나 '피에타,' 로댕의 '생각하는 사람' 등과 같은 작품들은 인간의 형상을 탁월하게 나타내고 있다. 그뿐 아니라 천주교 성당 어느 곳에나 있는 성모 마리아상이나 불교 사원 어느 곳에나 있는 불상은 해당 종교가 신봉하는 인물을 마치 지금도 살아있는 인물인 것처럼 만나게 해 준다.

하지만 사람의 형상으로 만들어진 그림이나 상 중에서 실제로 생명을 얻어 움직이는 것은 하나도 없었다. 비록 그리스 신화에 나오는 피그말리온이 아름다운 여성의 모습을 실물 크기로 조각한 상에 사랑을 느껴 사랑의 여신 아프로디테에게 간절히 기도하자 그 조각상이 실제로 사람이 되었고 피그말리온과 결혼하여 파포스라는 자녀를 낳았다고도 하지만 이것은 어디까지나 신화이며, 앞에서 넓은 의미의 하나님의 형상이라고 했던 지적 능력, 감정, 의지, 언어 같은 인간이 가지고 있는 능력이 실제로 구현된 상은 하나도 없었다.

그러나 4차 산업혁명의 발전된 기술은 역사상 처음으로 사람의 형상이 사람처럼 보고 생각하고 말하고 움직이는 능력을 갖추도록 하고 있다. 피그말리온이 조각한 여인 갈라테이아가 여신 아프로디테에 의해 보고 생각하고 말하고 움직이는 능력을 갖게 된 것은 신화일 뿐이지만 현재의 인공지능 로봇은 기술에 의해 일종의 생명력이 불어 넣어진 것이다.

예를 들어, 홍콩에 본사를 둔 핸슨 로보틱스가 만든 인공지능 로봇 소피아는, 진짜 사람과 대화를 할 수 있을 뿐만 아니라 62가지 감정을 얼굴 표정으로 표현할 수 있다. 또 일본의 소프트뱅크가 개발한 인공지능 로봇 페퍼는 사람의 외관을 정교하게 구현한 것은 아니지만 약 7세 어린이 수준의 언어를 구사하여 인간과 대화할 수 있다. 소프트뱅크는 다양한 감정을 처리할 수 있게 하려고 '감정생성 엔진' 연구에도 매진하고 있다. 소피아나 페퍼는 인간의 감정까지도 데이터로 처리하여 모방할 수 있게 되었다.

향후 큰 시장이 열릴 것으로 예상하는 자율주행차도 사실상 인공지능 로봇이라고 할 수 있다. 자율주행차는 인간 운전자를 대신하여 인공지능이 차량을 제어한다. 주변 환경에 대한 감지, 차량 자체의 상태에 대한 감지, 차량 제어와 관련된 여러 가지 의사결정 등을 인공지능이 알아서 독립적으로 수행한다.

외관상 사람의 모습을 갖지 않는 인공지능의 영역도 매우 넓다. 스피커에 인공지능을 넣은 인공지능 스피커가 요즘 유행하고 있다. 스마트폰의 어플들에도 인공지능 기능이 장착되고 있다. 챗봇으로 불리는 사람과 채팅을 할 수 있는 인공지능 로봇도 널리 확산되고 있다. 이러한 것들은 아직은 진짜 사람을 능가할 정도로 탁월하지 않지만 적절한 수준의 필요를 충족시킬 정도는 되고 있다.

IBM의 왓슨이나 구글의 알파고는 특정 분야에 특화된 전문가 시스템이다. 그 분야에 대해서는 엄청난 데이터와 추론 능력을 갖추어서 인간 전문가를 압도할 수 있지만 아직은 독립적인 사고의 주체로 움직이는 것은 가능하지 않다. 그러나 미래에도 그런 한계를 뛰어넘지 못할 것인지는 모른다. 그런 한계를 뛰어넘을 것이라고 주장하는 사람들과 그렇지 못할 것이라는 주장이 대립하고 있다. 다만 필자는 기술적으로는 문제가 없어서, 인공지능이 독립적으로 작동하는 때가 올 것이라고 예상한다.

이처럼 인간은 마치 하나님이 자신의 형상을 따라 인간을 만든 것처럼 자기도 자기 형상을 따라 인공지능 로봇을 만든 것이다. 인간은 자신들이 만들어낸 어떤 창조물보다 인공지능 로봇에 더욱 큰 애착을 갖고 좋아하며 기뻐할 것이다. 왜냐하면, 하나님이 사람을 만든 후 기뻐한 것은 사람이 하나님의 형상을 가졌기 때문인데, 사람도 인공지능 로봇을 사람의 형상으로 만들어서 자신과 가장 닮도록 했기 때문이다. 인공지능 로봇은 사람에게는 마치 자식과 같은 의미가 있다는 점에서 특별하다.

3. 인공지능 로봇이 가져오는 기회와 위협

인공지능 로봇 기술의 발전은 인류의 삶에 여러 면에서 큰 변화를 가져올 것으로 예상한다. 먼저 인공지능 로봇 기술이 인류에게 주는 기회 요인은 어떤 것들이 있을지 살펴보자.

첫째, 사람이 가진 자연스럽고 일상적인 능력을 인공지능이 모방하여 작동할 수 있으므로 여러 가지 편리함을 인간에게 줄 수 있다.

간단한 대화, 간단한 명령을 듣고 그 명령을 수행하는 일, 간단한 문의 사항에 대해 답변을 제공하는 일, 정형화된 일을 지치지 않고 반복해서 일정 수준으로 일관되게 수행하는 것 등에서 인류는 많은 혜택을 얻을 수 있다.

둘째, 인공지능은 데이터 처리의 양이나 속도 면에서 사람보다 훨씬 우수하므로 특정 분야에 대해 사람보다 월등한 일을 수행할 수 있다.

따라서 사람들 각 개인이 할 수 없는 것, 또는 사람들이 아무리 많이 모여서 집합적으로 뭔가를 하려 하더라도 할 수 없는 것을 인공지능은 해낼 수 있다.

셋째, 인공지능은 그동안 사람들이 늘 신경을 쓰고 주의를 집중하여서 하던 일들을 대신 수행함으로써 사람들이 여가를 갖거나 다른 중요한 일에 시간과 에너지를 쓸 수 있게 해 준다.

예를 들어, 지금 개발되고 있는 기술 중에 자율주행 기술이 완성되면 수많은 사람이 운전하지 않아도 된다. 장거리를 갈 때 힘들게 운전하지 않고 쉬거나 일을 하면서 이동할 수 있게 된다.

넷째, 인공지능 로봇은 지적인 능력뿐만 아니라 감정적인 능력도 인간을 모방하여 갖출 수 있다.

따라서 인간 대 인간의 관계와 실제 내용은 다를지 모르겠지만 인간과 인공지능 로봇 간에 일종의 '인격적 관계' 또는 '정서적 교감'이 이루어질 수 있다. 최소한 인간 대 애완견의 관계보다는 높은 수준의 친밀한 관계가 형성될 수 있다. 따라서 향후 애완동물이 인공지능 로봇으로 상당수 대체될 수도 있을 것으로 보인다.

이제 인공지능 로봇 기술이 인류에게 미칠 수 있는 위협 요인들에 대해서 살펴보자.

첫째, 인공지능 로봇은 사람이 하는 일 중에서 단순 반복적이거나 정형화된 성격의 일을 대체함으로써 인간의 일자리를 대거 줄이고 있다.

공장이나 물류 센터에서 과거에 인간이 하던 일들의 상당 부분을 인공지능 로봇이 대체하고 있다. 기술이 발전하면 할수록 인공지능 로봇이 산업현장 곳곳에 더욱 확산될 것이므로 일자리도 계속해서 더 감소할 것이다.

둘째, 인공지능 로봇이 인간과 유사해지면 유사해질수록 사회적인 문제가 심각하게 나타날 것이다.

애완동물은 그 명칭이 '반려동물'로 격상되어도 사람의 자리를 차지하지는 못하지만, 사람의 형상을 가진 인공지능 로봇은 사실상 사람의 자리를 차지하게 될 수도 있다. 인공지능 로봇 때문에 진짜 사람은 소외되는 현상이 나타날 수 있다.

셋째, 인공지능 로봇은, 마치 하나님에 의해 창조된 인간이 하나님을 거역하고 반역을 꾀한 것처럼, 자신을 창조한 인간을 거역하고 반역을 꾀할 수도 있을 것이다.

인공지능 전문가 중에 어떤 이들은 그런 정도까지는 가지 않을 것이라고 예상하지만 또 다른 많은 사람은 인공지능이 우리가 상상할 수 있는 수준과 인간의 한계를 넘어서서 마치 인간에게는 신적 존재로 느껴질 수 있을 정도로까지 막강해질 것이라고 예상하기도 한다. 영화 <터미네이터>에서 세상을 지배하던 인공지능 '스카이넷'이 바로 그런 우려를 나타내는 것이라 하겠다.

4. 하나님의 창조 질서를 따르는 창조

4차 산업혁명 시대에 인간의 가장 탁월한 기술적 진보는 비유기체, 즉 기계에 장착된 인공지능과, 유기체, 즉 신체에 결합된 사람의 진짜 지능의 구분이 사실상 없어지는 것이 될지도 모른다. 이미 사람의 뇌에 들어있는 정보를 외부의 비유기체 저장 장치로 옮기거나 외부의 비유기체 저장 장치에 있는 정보를 사람의 뇌로 옮기는 연구가 진행되고 있다.

레이 커즈와일이나 유발 하라리 같은 기술 진보에 매우 낙관적인 이들은 인공지능이 지금은 미약해 보이지만 오래지 않아 진짜 사람과 구분할 수 없을 정도로 발전하리라 예측한다. 이러한 첨단 기술 영역에 대해서 우리가 잘 알고 있는 것이 아니므로 어떤 관점을 갖고 어떻게 대처해야 할지 모호하기도 하다.

그러나 인류가 주의해야 할 점은 하나님이 창조한 세상이 갖고 있는 창조 질서를 잘 연구하고 파악하여, 인간이 창조한 것들도 그런 질서들이 어긋나지 않게 적용되도록 하는 것이다. 앞 장에서 다룬 것처럼 인간은 가상 세계를 만들었다. 그러나 그 가상 세계의 질서가 하나님이 세운 자연적 질서나 도덕적 질서에 거스릴 때는 사회적인 문제를 일으킬 수 있다. 이는 인공지능 로봇도 마찬가지다. 인간이 하나님의 자리를 차지해서는 안 되는 것처럼, 인공지능 로봇이 인간의 자리를 차지해서는 안 된다.

물론 인공지능 로봇과 관련된 사회적 이슈들은 실제로는 이 글에서 간단히 말하는 것처럼 그렇게 단순하지 않을 것이다. 예를 들어, 인공지능 로봇에게 인간의 자격을 얼마나 어떻게 부여할 것인가에 대한 논쟁은 이미 시작되었고 광범위한 논의가 이루어지고 있다. 인공지능 로봇 소피아는 2017년 10월 사우디아라비아에서 시민권을 받기도 하였다. 물론 이것은 아주 상징적인 것이지만 인공지능에 법적인 '인격'을 부여할 것인가의 문제는 현실적으로 매우 중요한 이슈이다.

그리스도인들은 인공지능과 관련된 주요한 이슈들에 대해 무관심해서는 안 된다. 특히 '인간'을 어떻게 정의할 것인가에 대해서 궁극적인 기준을 제시하는 것은 성경밖에 없으므로 그리스도인들은 성경에 담겨 있는 하나님의 뜻을 따라서 '인간'의 기준을 제시하는 역할을 감당해야 한다. 앞으로 이 논쟁은 매우 치열하게 전개될 것이다. 그리고 논쟁의 양상은 우리가 쉽게 판단하기 어려울 정도로 복잡하고 혼란하게 나타날 것이다.

하나님은 자신의 형상을 따라 사람을 만들었고, 사람도 자신의 형상을 따라 인공지능 로봇을 만들었다. 그러므로 인공지능 로봇은 하나님의 형상의 형상이라 할 수 있다. 그런데 하나님이 자신의 창조물인 사람에 대해 기대하는 것과 달리 최초 인류는 창조주를 거역하고 반역했다.

인공지능 로봇은 자신을 창조한 사람에 대해, 사람이 자신의 창조주인 하나님을 거슬렀던 것처럼 반역하지 않고, 사람을 자신의 창조주로 인정하며 선을 지킬 것인가?

인공지능 로봇은 계속해서 인간과 동등한 자격과 권리를 주장하지 않고 인간의 창조물에 머물 수 있을 것인가?

이 질문에 답하기는 결코 쉽지 않다. 그러나 우리는 끊임없이 이런 질문을 해야 하며 이런 질문들에 대한 답도 제시해야 한다. 이 답의 근거가 되는 기준들은 성경에 담겨 있다.

◆ 그룹 스터디를 위한 질문들

1. 성경은 인간의 창조에 대해 어떻게 묘사하는가? 시편 8편을 참고하여 설명하라.

2. 인간이 하나님의 형상을 따라 만들어졌다는 것은 어떤 의미가 있는가?

3. 인공지능 로봇은 사람의 형상을 따라 만들어졌다. 어떤 의미에서 그렇게 말할 수 있는가?

4. 인공지능 로봇이 가져오는 기회 요인은 무엇이며 위협 요인은 무엇인가?

5. 인공지능 로봇의 개발에 있어서 하나님의 창조 질서를 따른다는 것은 무엇을 의미하는가?

4차
산업혁명과
그리스도인의
삶

제5장

4차 산업혁명 시대의 인간,
유물론에 빠지다

제5장

4차 산업혁명 시대의 인간, 유물론에 빠지다

'인간은 어떤 존재인가?'

우리는 위의 질문에 대하여 4차 산업혁명 시대의 전형적인 답변을 유발 하라리(Yuval N. Harari, 1976-)에게서 찾을 수 있다. 하라리의 대표적 베스트셀러인 『사피엔스』와 그 후속작인 『호모 데우스』는 '사피엔스'라고 지칭하는 현재의 인류가 어떻게 진화해 왔는지, 그리고 앞으로 어떻게 진화해 갈 것인지에 대해 방대하게 기술하고 있다. 그래서 이 글에서는 유발 하라리의 주장을 중심으로 하여 4차 산업혁명 시대의 유물론적이며 진화론적인 인간관을 정리하고자 한다.

하라리는 철저하게 진화론적 인간관에 입각해 있다. "신이 된 동물"이라는 표현은 하라리의 이러한 진화론적 관점을 압축적으로 보여준다.[1] 그런데 그의 인간론이 갖는 독특함은 그가 4차 산업혁명 시대의 주요 기술들이 인간의 진화에 어떤 영향을 미칠 것인가에 대해 나름대로 숙고를 거쳐 논의하고 있다는 점이다. 특히 하라리는

---

[1] Yuval N. Harari, *Sapiens: A Brief History of Humankind*, 조현욱 역, 『사피엔스』 (파주: 김영사, 2015), 587.

4차 산업혁명의 주요한 기술들이 인간의 진화에 미치는 영향에 주목한다. 하라리가 『사피엔스』에서는 과거의 인류 진화에 대한 관점을 진술하며, 『호모 데우스』에서는 미래의 인류 진화에 대한 전망을 주로 진술하고 있다. 우리는 그가 생각하고 있는 관점을 과거 역사에 대한 해석 부분과 미래 역사에 대한 전망 부분으로 구분하여 볼 필요가 있다.

1. 과거의 인류 진화에 대한 유발 하라리의 관점

과거 인간의 기원으로부터 현재에 이르기까지 인류의 역사에 대한 하라리의 이해는 다음과 같은 특징들이 있다.

첫째, 인간은 영장류의 한 일원이며 유인원으로부터 진화되었다고 주장한다.

하라리는 현재의 인류와 비슷한 동물이 약 250만 년 전에 나타났다고 말한다.[2] 그리고 약 250만 년 전 출현한 이 동물의 이름이 바로 '오스트랄로피테쿠스'인데, 이 이름은 '남쪽의 유인원'이란 뜻이 있으며 아프리카에서 살았다고 한다.[3] 하라리는 더 거슬러 올라가 약 6백만 년 전에 살았던 유인원으로부터 침팬지와 오스트랄로피테쿠스의 계보가 갈라지게 되었다고 주장한다.[4] 그는 오스트랄로피테쿠스를 현생 인류와는 다르지만 현생 인류의 '조상'으로 보면서도, 한편

---

[2] Harari, 『사피엔스』, 20.
[3] Harari, 『사피엔스』, 23.
[4] Harari, 『사피엔스』, 22.

으로는 '동물'이라고 지칭한다. 즉, 동물인 오스트랄로피테쿠스로부터 진화의 과정을 더 거쳐서 현재 인류인 '호모 사피엔스'가 나타난 것으로 본다. 하라리는 전형적인 진화론자의 모습을 보여준다.

둘째, 현재 인류인 호모 사피엔스 외에도 호모 속에 속하는 다른 종들이 여럿 세계 각지에 존재했다고 주장한다.

그래서 하라리는 현재의 인류인 호모 사피엔스를 가리킬 때는 그냥 '사피엔스'란 말을 쓰고, 사피엔스 종을 비롯하여 호모 속에 속하는 다른 여러 종까지도 통칭할 때는 '호모'(인류)라는 말을 사용한다.[5] 오스트랄로피테쿠스가 세계 각지로 퍼져 나가면서 지역에 따라 종의 변화가 나타나서, 유럽과 서아시아에는 '호모 네안데르탈렌시스,' 아시아 동쪽에는 '호모 에렉투스,' 인도네시아 자바에는 '호모 솔로엔시스,' 인도네시아 플로레스에는 '호모 플로레시엔시스,' 시베리아에서는 '호모 데니소바,' 동아프리카에서는 '호모 루돌펜시스,' '호모 에르가르터,' '호모 사피엔스'로 진화되었다고 말한다.[6] 하라리는 이들 모두가 호모, 즉 인류라고 이야기하며 이 다양한 종들은 선형적으로 하나에서 다른 하나로 변화한 것이 아니라 동시에 여러 지역에서 함께 존재했다고 주장한다.

셋째, 호모 속으로 분류되는 여러 종 중에서 유일하게 사피엔스 종에게 허구를 말할 수 있는 능력이 생겨났고 이 능력을 발휘하여 사피엔스 종이 세상의 지배자가 되었다고 본다.

이것을 하라리는 사피엔스 종에게 일어난 '인지 혁명'이라고 말

---

[5] Harari, 『사피엔스』, 22-23.
[6] Harari, 『사피엔스』, 23-25.

하며 그 시기는 약 7만 년 전부터 3만 년 전 사이라고 여긴다.[7] 물론 다른 종이 아닌 사피엔스 종에 이런 일이 일어난 것은 우연의 산물이라고 말한다.[8] 여기에 더하여 사피엔스는 문자 체계를 만들어냄으로써 자신들을 대규모 협력망으로 묶을 수 있었다고 판단한다.[9]

넷째, 인간은 다른 동물들과 마찬가지로 영혼이 없다고 주장한다.

하라리는 "사피엔스가 돼지와 달리 영혼을 지니고 있다는 과학적 증거는 전혀 없다"라고 말한다.[10] 또 영혼은 없지만, 인간은 다른 동물들과 마찬가지로 의식이 있으며 감각과 감정을 지닌다고 한다.[11] 하지만 이 감각과 감정은 "데이터를 처리하는 생화학적 알고리즘"이라고 주장된다고도 말한다.[12] 그래서 하라리는 영혼이란 것은 실체가 없다고 말하는 것이다. 이런 관점은 유물론자들, 진화론자들의 전형적인 특징이다. 진화론자들은 인간의 영혼이 사실상 별도로 존재하는 것이 아니라 단지 물리적인 신체 기관들이 작동하면서 영혼이 있는 것처럼 보일 뿐이라고 여긴다.

다섯째, 성별의 전환이 가능하며 동성애도 문제가 되지 않는 행위라고 주장한다.

하라리는 "오늘날 우리는 남자를 거세하는 것은 물론이거니와 수술 및 호르몬 치료를 통해 아예 여성으로 바꿀 수 있다"고 말한

---

[7] Harari, 『사피엔스』, 44.
[8] Harari, 『사피엔스』, 44.
[9] Harari, 『사피엔스』, 196.
[10] Harari, 『사피엔스』, 146.
[11] Yuval N. Harari, *Homo Deus: A Brief History of Tomorrow*, 김명주 역, 『호모 데우스』(파주: 김영사, 2017), 183.
[12] Harari, 『호모 데우스』, 154.

다.[13] 남자와 여자라는 구별되며 변함없는 성 정체성을 갖는 것이 아니라 이것 자체도 변경될 수 있다는 인식을 보여준다. 그는 염색체나 신체적으로 구별되는 특징으로 남자와 여자를 구분하려 하지 않고, 해당 사회가 부과하는 신화, 즉 '상상의 인간 질서' 속의 남성상과 여성상에 의해 남자와 여자가 구분된다는 인식을 갖고 있다.[14] 그는 동성애가 부자연스럽다는 주장은 타당하지 않다고 말한다.[15] 이런 관념은 생물학적 기준에 의한 것이 아니라 단지 기독교 신학의 영향일 뿐이라고 한다.[16]

2. 미래의 인류 진화에 대한 유발 하라리의 전망

현재의 인류가 앞으로 어떻게 진화해 나갈 것인가에 대한 하라리의 생각은 일반적인 진화론과는 다른 독특한 면이 있다. 하라리는 과학기술의 발전을 통해 기아, 역병, 전쟁을 통제하는 데 어느 정도 성공한 현재의 인류에게는 또 다른 중요한 의제가 대두되는데 그것은 바로 '호모 사피엔스'를 '호모 데우스'로 업그레이드하는 것이라고 주장한다.[17] 하라리는 '호모 데우스'라는 새로운 용어를 제시한다. 단어의 뜻 그대로 호모 속에 해당되지만 신과 같은 신 종이

---

[13] Harari, 『사피엔스』, 565.
[14] Harari, 『사피엔스』, 219.
[15] Harari, 『사피엔스』, 218.
[16] Harari, 『사피엔스』, 216.
[17] Harari, 『호모 데우스』, 39.

나타날 것이라는 의미다.

하라리는 현재의 인류가 추구할 핵심 의제로 '불멸,' '행복,' '신성'이라는 세 가지를 제시한다. 그런데 하라리의 이러한 주장이 대중적 인기를 얻고 있는 것은 불멸, 행복, 신성을 추구하는 방법에 있어서 철학이나 종교에 의존하는 과거의 방법과 다르게 고도로 발전된 현대의 첨단 과학기술에 의존하기 때문으로 보인다.

4차 산업혁명의 주요 기술들이 바로 하라리가 호모 데우스라는 개념을 발전시킬 수 있었던 기반이 된다. 이런 기술들이 복합적으로 적용되며 하라리가 주장하는 호모 데우스로의 변화를 위한 시도들이 이루어지고 있다.

첫째, '불멸'을 추구하는 시도가 왕성하다.

하라리는 죽음의 문제를 "해결할 수 있고 해결해야만 하는 기술적 문제"로 본다.[18] 기술적 문제라고 하는 것의 의미는 암세포를 제거하고 세균과 바이러스를 죽임으로써 또는 각종 사건 사고의 원인이 되는 기계 조작 실수와 의도적인 상해 행위를 기술적으로 방지함으로써 인간이 죽음에 이르지 않도록 할 수 있다는 의미이다.[19] 과거 어느 때보다도 인류는 기술적 문제의 해결에 성공적이었다. 그리고 사람을 죽음에 이르게 하는 원인을 규명하고, 그 원인을 해소하는 방법을 찾는 일에 많은 투자를 하고 있다.

그동안 인류는 자연수명을 다하지 못하고 질병이나 사고로 이른 나이에 사망하는 것을 줄이는 데에 큰 성과를 거두었다. 그런데 불

---

18 Harari, 『사피엔스』, 41.
19 Harari, 『호모 데우스』, 42-43.

멸 추구라는 이 의제는 자연수명 자체를 연장하는 것을 목표로 한다. 구글은 죽음의 문제를 해결하는 것이 창립 목표인 '칼리코'(Calico)라는 회사를 2013년에 설립했으며, 구글의 벤처투자회사인 구글 벤처스는 생명 연장과 관련된 프로젝트들에 막대한 자금을 투자하고 있다.[20]

이런 시도는 인간이 죽은 다음에 다시 되살릴 수 있는 기술은 아니지만, 인간의 죽음을 최대한 미루어 생존 기간을 최대한 늘리는 결과로 나타날 것이다. 따라서 간혹 대처할 수 없는 질병이나, 자동차 사고, 폭발 사고 같은 것 때문에 죽음에 이르는 것이 아니라면 생명을 계속 유지할 수 있게 될 것이다.

그러나 이러한 생명 연장의 기술만으로는 인류가 행복하지 않을 수 있다고 하라리는 말한다. 어떤 면에서는 생명이 아주 길게 되더라도 결국은 어떤 식으로든 죽음이 올 것이기 때문에 심리적으로 불안감을 느끼리라는 것이다.[21] 그래서 하라리는 두 번째 의제를 제시한다.

둘째, '행복'이다.

행복은 철학자들이나 종교의 가장 큰 관심사 중 하나다. 그런데 하라리는 이 행복을 얻는 방법으로 인체의 생화학적 기제 조작을 통해 쾌감, 즉 행복을 얻는 방법이 유력하게 대두된다고 본다.[22] 신경과학의 발전과 함께 이러한 생화학적 기제가 계속해서 밝혀지고 있

20　Harari, 『호모 데우스』, 44.
21　Harari, 『호모 데우스』, 46.
22　Harari, 『호모 데우스』, 63-65.

는데 이러한 생화학적 기제를 조작하면 과거에 명상이나 종교적 행위, 또는 철학적 숙고 등 형이상학적 방법을 통해 추구하던 행복을 이제는 물리적 방법을 통해 얻을 수 있게 되는 것이다. 현재의 인류는 생화학적 솔루션에 더 관심이 있다고 여긴다.[23]

이처럼 두 가지 의제, 즉 불멸과 행복을 추구하는 것은 4차 산업혁명 시대가 활용 가능하게 된 여러 첨단 기술들의 적용과 불가분의 관계에 있다. 획기적 기술 발전은 불멸과 행복을 형이상학적, 종교적인 개념이 아닌 물리적, 기술적 개념으로 바꿔놓았다는 것이 하라리의 기본 입장이었다. 하라리는 인간을 마치 신과 같은 존재로, 불멸과 행복을 가진 존재로 업그레이드하는 방법을 세 가지로 구분하여 제시한다. 이 세 가지 방법 모두 현재의 과학기술이 그 가능성을 상당히 보여주고 있는 분야이다.

① 생명공학

인간 유전체에 대한 연구 성과들은 인간의 여러 가지 질병이 유전자와 관련이 있고 유전자 정보를 이용해 질병에 선제적으로 대응하거나 아예 유전자 정보를 교정하여 질병을 치료하는 데까지도 연구가 시도되고 있다. 획기적인 유전자 편집 기술은 이런 시도를 더욱 쉽게 해 줄 것이다. 신경과학의 연구 성

---

23 Harari, 『호모 데우스』, 68. 예를 들어 이종관은 한국 사회의 평균 수명이 길어지는 데도 불구하고 자살률이 높아지는 현상에 초점을 맞추어 4차 산업혁명 시대에 '삶의 질'을 높여 '행복'을 높이는 것이 주요한 이슈가 될 것이라고 하면서, 그 방법으로는 '인본적 토양 구축'을 말한다. 이종관, "4차 산업혁명의 본질적 가치를 위해 가야 할 길," 「Future Horizon」 34 (2017): 38-39. 그런데 하라리는 이런 방법보다 생화학적 방법이 더 쉽고 확실하게 사용될 수 있다고 전망한다.

과는 신경 체계의 이상을 바로잡거나 보완하는 시도를 더욱 쉽게 해 줄 것이다. 하라리는 이런 동향을 고려하여 생명공학의 기술 자체만으로도 현재의 인류와는 다른 초인류가 나타날 수 있을 것으로 여긴다.[24]

② 사이보그 공학

사이보그 공학은 유기체를 비유기체와 결합하는 주제를 다루는 분야이다.[25] 예를 들어, 사고나 병으로 손이나 발을 잃어버린 사람들도 생체공학 손과 발을 자신의 신경과 연결하여 마치 원래 자신의 손과 발처럼 사용할 수 있게 하는 기술이 점점 완성도를 높이고 있다.

또 헬멧을 쓰면 두피를 통해 전달되는 신경 신호를 감지하여 가전제품을 원격에서 조작하는 기술처럼 인간의 생각을 외부의 비유기적 기계 장치가 파악하여 사물의 조작이 가능하게 되고 있다.[26] 뇌만 남기고 신체의 모든 부분이 비유기체로 대체된, 영화 <공각기동대>의 여자 주인공을 이런 사례로 볼 수 있다.

③ 인간이 갖고 있는 유기체 부분이 아예 없는 비유기적 존재를 설계하고 이 존재에 인간의 의식과 지능을 이식하는 것이다.

---

24 Harari, 『호모 데우스』, 69-70.
25 Harari, 『호모 데우스』, 70.
26 Harari, 『호모 데우스』, 71.

인공지능과 신경과학의 획기적 발전은 인간의 의식과 지능조차도 알고리즘으로 이해하여 소프트웨어화 할 수 있다고 생각한다. 비유기적 존재이기 때문에 유기체가 갖는 약점들로부터 자유로워 불멸과 행복의 추구가 쉬울 것이라는 관점이다.[27]

하라리는 이 세 번째 방법의 실현 가능성에 주목한다. 그는 비의식적 알고리즘의 능력을 인간이 감당할 수 없게 되는 시기가 곧 오리라고 생각한다. 그는 인간과 같은 유기체 역시 알고리즘으로 보는 관점을 제시한다. 유기체는 어떤 작동 기제를 유기체에 구현해 놓은 알고리즘의 실현 객체이다. 그 객체를 비유기체로 옮겨놓았다고 해서 알고리즘이 작동하지 않는 것이 아니며, 이제는 오히려 훨씬 더 막강한 능력을 갖추는 알고리즘이 될 수 있다고 주장한다.[28]

컴퓨터 알고리즘은 이제 인간의 고유한 능력이어서 인공지능은 도저히 모방할 수 없을 것이라고 보았던 예술 분야에도 적용되어 회화나 작곡에서도 탁월한 성능을 보여주고 있다.[29]

셋째, 호모 사피엔스를 호모 데우스로 업그레이드하는 것이다.

이것은 기독교의 전지전능한 신의 신성은 아니지만, 초능력을 가진 그리스 신들처럼 일종의 초능력 차원의 신성을 획득하는 것을 의미한다.[30]

이 세 번째 의제는 앞의 두 가지 의제인 불멸과 행복을 포괄하면

---

27   Harari, 『호모 데우스』, 71-72.
28   Harari, 『호모 데우스』, 437-438.
29   Harari, 『호모 데우스』, 443.
30   Harari, 『호모 데우스』, 74.

서도 큰 능력을 갖게 된다는 의미에서 구별될 수 있다. 단지 개인적으로 불멸의 존재가 되고 단지 개인적으로 행복감이 높은 상태로 있을 수 있는 것뿐만 아니라 능력 자체도 획기적으로 강화된다는 것이다. 왜냐하면, 4차 산업혁명의 주요 기술인 인공지능의 발전은 어디까지 갈지 누구도 예측하기 어려우며, 사물인터넷의 발전으로 온 세계가 하나의 네트워크로 연결되어 세상의 소소한 정보들까지 모두 통합 관리될 수 있기 때문이다. 막강한 지능과 거대한 데이터를 가진 주체는 강력한 권력을 발휘할 수 있게 될 것이다.

이렇게 되면 정보를 가졌을 뿐 아니라 통제도 가능하므로 사실상 개인에 대한 주권이 네트워크 시스템 관리자에게로 옮겨갈 것이다.[31] 그래서 하라리는 "구글과 페이스북, 그 밖의 다른 알고리즘들이 모든 것을 아는 신탁이 되면, 그다음에는 대리인으로 진화하고 마침내 주권자로 진화할 것이다"라고 말한다.[32]

지금까지 세 가지 주요한 의제를 다루며 인류의 미래에 대한 하라리의 관점을 살펴보았다.

마지막으로 한 가지 사항을 더 다루려고 한다. 하라리는 인간이 미래에 '호모 데우스'라는 새로운 종으로 진화할 것으로 예측한다. 그런데, 그 과정에서 호모 데우스로 진화하지 못한 채 경쟁력을 잃고 도태되는 수많은 평범한 사람들이 생겨날 것이라고 주장한다.[33]

---

[31] 이런 우려는 적지 않게 제기되고 있다. 예를 들어 다음과 같은 글을 참조하라. 김정태, "4차 산업혁명과 더불어 직면하게 될 보안 이슈," 「Future Horizon」 33 (2017): 12-15.

[32] Harari, 『호모 데우스』, 467.

[33] 일자리를 잃는 사람이 많아질 것이며, 소수의 사람에게 부가 집중될 것이라는 예측은 많이 나오고 있다. 장필성, "2016 다보스포럼: 다가오는 4차 산업혁명에 대한 우

이 무능력한 계급에 대해 하라리는 "그들은 경제적, 정치적, 예술적으로 어떤 가치도 없으며, 사회의 번영, 힘과 영광에 아무런 기여도 하지 못하는 사람들이다. 이 '쓸모없는 계급'은 그저 일자리를 구하지 못한 사람들이 아니라, 일자리를 구할 수 없는 사람들이다"라고 말한다.[34] 호모 사피엔스가 아닌 호모 속 내 다른 종들이 도태된 것처럼 이런 계급의 사람들은 점점 도태될 것이다. 극단적으로는 호모 사피엔스가 사라질 것이라고도 이야기한다.[35]

그런데 호모 데우스는 전통적인 진화론의 입장처럼 자연선택 때문에 나타나는 것이 아니라 지적설계 때문에 나타난다는 점에서 특이하다.[36] 하라리는 다음과 같이 말한다.

> 지난 40억 년이 자연선택의 기간이었다면, 이제 지적인 설계가 지배하는 우주적인 새 시대가 열리려 하고 있다…과거에 대해서는 생물학자들이 옳지만, 미래에 대해서는 역설적으로 지적설계 옹호자들이 맞을지 모른다.[37]

리의 전략은," 「과학기술정책」 26/2 (2016): 15; KBS 〈명견만리〉 제작팀, 『명견만리: 정치, 생애, 직업, 탐구 편』(서울: 인플루앤셜, 2017), 281; 이승협, "4차 산업혁명과 노동의 변화," 「Future Horizon」 33 (2017): 17-19; 창조경제연구회, 『4차 산업혁명의 일자리 진화』(서울: 창조경제연구회, 2017), 11-28.

[34] Harari, 『호모 데우스』, 445-446.
[35] Harari, 『호모 데우스』, 521.
[36] 하라리와 유사한 미래 전망을 박성원에게서도 볼 수 있다. 그는 새로운 인류를 '인간 2.0'이라 부르며 '트랜스휴먼'이라고도 한다. 소위 '인위적 진화의 시대'가 열린 것이라고 설명한다. 박성원, "'인간 2.0' 시각에서 본 4차 산업혁명의 의미," 「동향과 전망」 100 (2017): 164-169.
[37] Harari, 『사피엔스』, 564.

3. 성경적 관점에서의 유발 하라리의 인간관 비판

정통적인 기독교 신학은 하라리가 갖고 있는 진화론적 인간관과 상충된다. 성경은 인간에 대해 그렇게 말하지 않는다.

첫째, 정통적인 기독교 신학은 최초의 인간이 진화된 것이 아니라 창조되었다고 여긴다.[38]

성경은 아담과 하와가 하나님의 특별한 창조 행위 때문에 성숙한 상태의 성인으로 만들어졌다고 진술한다. 그리고 아담과 하와 전에는 어떠한 인류의 조상도 없었다. 현재의 인류인 호모 사피엔스 종 외에 호모 속에 속한 다른 종들이 여럿 있었다고 하며, 이들 호모 속의 공통 조상이 오스트랄로피테쿠스라고 하는 주장, 그리고 오스트랄로피테쿠스가 다른 침팬지나 영장류들의 공통 조상이 되는 또 다른 유인원으로부터 진화해 왔다는 하라리의 주장은 성경에 기록된 인간 창조의 기사와 명백하게 배치된다. 이러한 주장은 바빙크의 표현처럼 "단지 가정들과 해설들일 뿐"이다.[39]

진화론자들은 오스트랄로피테쿠스 속과 호모 속이 연속성을 갖고 진화된 것으로 보는 반면, 창조론자들은 두 가지 속이 서로 다른 것이라고 보며, 호모 속에 포함된 여러 가지 종을 진화론자들은 오스트랄로피테쿠스 속으로부터 진화된 다양한 형태의 서로 다른 종

---

[38] 최홍석, 『인간론』 (서울: 개혁주의신행협회, 2005), 44-45; Herman Bavinck, *Gereformeerde Dogmatiek*, vol. 2, 박태현 역, 『개혁교의학 2』 (서울: 부흥과개혁사, 2011), 637-638; Berkhof, 『벌코프 조직신학』, 363; Robert L. Reymond, *A New Systematic Theology of the Christian Faith*, 나용화, 손주철, 안명준, 조영천 공역, 『최신 조직신학』 (서울: CLC, 2010), 534-535.

[39] Bavinck, 『개혁교의학 2』, 640.

이라고 보지만 창조론자들은 서로 다른 인종일 뿐 종이 다른 것은 아니라고 여긴다.[40] 이 두 가지 입장은 발굴된 화석에 대한 해석에서 차이가 발생한 것이다.

둘째, 정통적인 기독교 신학은 인간의 기원을 하나님에 의해 창조된 한 쌍의 부부로 여긴다.

세상의 모든 사람은 이 한 쌍의 부부로부터 유래하는 것으로 보므로 세상의 모든 민족과 종족들은 한 혈통이라고 본다.[41] 아담과 하와의 역사성을 인정하는 정통 기독교 신학의 관점에서는 이러한 인식이 일반적이다. 그러나 하라리와 같은 진화론적 관점에서는 이러한 특정한 한 쌍의 부부를 인류의 조상으로 명확하게 지시할 수가 없다.

예를 들어, 라무뤼(Denis O. Lamoureux)는 아담과 하와는 역사적 실존 인물이 아니라 남자와 여자의 원형으로 제시된 것일 뿐이라고 주장한다.[42] 월튼(John H. Walton)은 아담과 하와가 실존 인물이긴 하지만 최초의 인간이나 현재 인류의 조상은 아니며 원형적 인물들로 특히 죄와 죽음이 인류에게 들어오게 한 의미가 있다고 본다.[43] 롱

---

40 양승훈, 『창조와 격변』 (개정판) (서울: 예영커뮤니케이션, 2010), 249-298; Gerald Rau, *Mapping the Origins Debate*, 한국기독과학자회 역, 『한눈에 보는 기원 논쟁』 (서울: 새물결플러스, 2016), 191-193.

41 최홍석, 『인간론』, 43; Bavinck, 『개혁교의학 2』, 652; Berkhof, 『벌코프 조직신학』, 398; Denis O. Lamoureux, John H. Walton, C. John Collins, William Barrick, Gregory A. Boyd, and Philip G. Ryken, *Four View on the Historical Adam*, 김광남 역, 『아담의 역사성 논쟁』(서울: 새물결플러스, 2015), 263, 342-343. 콜린스(C. John Collins)와 배릭(William D. Barrick)의 주장.

42 Lamoureux et al., 『아담의 역사성 논쟁』, 92.

43 Lamoureux et al., 『아담의 역사성 논쟁』, 173.

맨(Tremper Longman III)도 아담을 역사적 실존 인물로 보지 않으며, 인간이 한 쌍의 부부가 아닌 약 1만 명 정도의 집단에서 유래했다고 본다.[44] 정통 기독교 신학은 이러한 관점을 수용할 수 없다.

셋째, 정통 기독교 신학은 인간이 처음에 존재하기 시작한 처음부터 탁월한 능력을 갖고 있었다고 본다.[45]

하라리의 인간론에서 주요한 특징 중 하나인 인지혁명기에 인간이 허구를 말할 수 있는 능력이 생겨났다는 주장은 정통 기독교가 갖고 있는 '하나님의 형상으로 만들어진 인간' 개념에 배치된다.

인간은 세상에 존재하기 시작한 바로 그 순간부터 다른 동물들과는 비교할 수 없이 탁월한 능력을 갖고 있었다. 정통 기독교 신학은 그것을 인간이 지닌 하나님의 형상으로 표현한다. 하나님의 형상이라 할 수 있는 요소들이 구체적으로 무엇인가 하는 것에는 학자들마다 약간의 차이는 있지만 협의의 하나님의 형상으로 의와 거룩, 광의의 하나님의 형상으로 영성, 불멸성, 지성, 의지, 언어, 몸 자체, 세상의 통치권 등과 같은 것들이 대략 언급된다.

개혁주의 신학은 인간이 다른 동물들과 별 차이 없는 존재였다가 어느 때인가에 이르러 갑자기 특별한 능력이 생겨나는 변화가 일어

---

[44] Richard E. Averbeck, Todd S. Beall, C. John Collins, Jud Davis, Victor P. Hamilton, Tremper Longman III, Kenneth J. Turner, and John H. Walton, *Reading Genesis 1-2: An Evangelical Conversation*, 최정호 역, 『창조 기사 논쟁』(서울: 새물결플러스, 2016), 274.

[45] 최홍석, 『인간론』, 130-140; 서철원, 『인간, 하나님의 형상』 (서울: 총신대학교출판부, 2007), 66-69; Bavinck, 『개혁교의학 2』, 692-702; Berkhof, 『벌코프 조직신학』, 413-415; Hoekema, *Created in God's Image*, 68-75; Michael Horton, *The Christian Faith*, 이용중 역, 『언약적 관점에서 본 개혁주의 조직신학』 (서울: 부흥과개혁사, 2012), 400-408.

나 탁월한 존재가 되었다고 보지 않는다.

넷째, 정통 기독교 신학은 다른 동물들과는 달리 인간에게는 영혼이 있다고 본다.[46]

하나님의 형상으로 만들어진 인간의 큰 특징이 바로 영혼을 가진 존재라는 것이다. 기독교 신학은 하나님이 아담을 만드실 때 생기를 불어넣어 생령이 된 점에 주목하며 인간에게는 영혼이 있음을 주장한다. 인간은 영혼과 육체가 구별되면서도 통합된 영육 통일체이다.

비록 영혼과 육체가 어떻게 통합되어 있는가 또 그 관계는 어떠한가 하는 질문에 대한 답은 쉽지 않지만, 인간이 영혼을 가진 존재라는 것, 육체의 죽음 이후 영혼이 분리되지만, 부활 때에는 몸까지도 새로워지며 부활의 몸을 가지고 천국에 거주하게 될 것이라는 견해가 있다.

하라리는 인간이 몸만 있을 뿐 영혼은 실제로 없다고 하였다. 단지 몸의 생화학적 반응이 일어나는 현상이 영혼이 있는 것처럼 착각하게 만드는 것일 뿐이라고 본다. 이는 전형적인 유물론적 이해이다. 이런 관점을 갖고 있다 보니 미래의 인류 모습을 예측하면서 그가 제시하는 호모 데우스의 모습에서 극단적으로 완전히 비유기체로 변화된 모습을 제시하기도 하는 것이다.

다섯째, 정통 기독교 신학은 인간이 남자와 여자로 구별되어 존

---

[46] 최홍석, 『인간론』, 234-238; 서철원, 『인간, 하나님의 형상』, 77-86; Bavinck, 『개혁교의학 2』, 693-695; Berkhof, 『벌코프 조직신학』, 402-205; Hoekema, *Created in God's Image*, 204-216; Horton, 『언약적 관점에서 본 개혁주의 조직신학』, 380-382; Reymond, 『최신 조직신학』, 542-544.

재한다고 본다.[47]

성경은 인간이 남자와 여자라는 두 가지 서로 다른 성이 함께 존재한다는 것을 중요하게 여긴다. 이 두 가지 성은 인간이라는 점에서는 같으나 하나님의 특별한 계획 가운데 결혼을 통해 부부가 되어 함께 살아가며 자손을 낳고 번성하는 사명을 가졌다는 점에서 독특한 질서와 목적을 갖고 있다.

그러나 진화론자들은 이러한 구분과 특별한 목적의식을 부인한다. 하라리의 경우에도 남자와 여자의 성별이 바뀔 수 있는 것처럼 말한다. 그리고 남자와 여자가 갖는 독특한 성적 정체성을 부인하기 때문에 동성애에 대해 관용적이며 동성애를 금지하는 성경의 권위는 정면으로 부인한다. 정통 기독교 신학은 하라리의 이러한 관점을 수용할 수 없다.

4. 그리스도인이 가져야 할 자세

인간이 어떤 존재인가에 대한 하라리의 관점은 특히 4차 산업혁명과 관련하여 우리에게 많은 생각할 거리를 던져준다. 하라리 덕분에 우리는 4차 산업혁명의 주요 기술들이 인간의 모습을 어떻게 변화시킬지에 대하여 매우 자세하게 생각해 볼 수 있었다. 그러나 그가 제시하는 여러 관점은 성경이 말하는 것과는 전혀 다르다.

---

47 최홍석, 『인간론』, 130-140; 서철원, 『인간, 하나님의 형상』, 108-123; Hoekema, *Created in God's Image*, 96-98.

하라리의 인간관은 4차 산업혁명이란 시대적 상황 변화를 선구적으로 반영하여 인류의 미래를 기술적으로 예측하는 데 일정 부분 기여했지만, 정통적인 기독교 신학이 갖고 있는 인간론과는 전혀 다른 유물론적이고 진화론적인 인간론에 충실한 입장을 갖고 있다고 결론지을 수 있다.

비그리스도인들이 제시하는 4차 산업혁명 시대의 인간관은 하라리의 관점과 대체로 일맥상통한다. 그들은 그런 인간관을 갖고 4차 산업혁명 시대의 주요한 기술 분야들에서 노력한다. 그러나 그리스도인들은 성경이 제시하는 인간관에 따라서 인간을 보아야 하고 하나님의 창조 질서를 거스르는 시도들에 대해서는 주의 깊게 분별하고 대처해야 한다. 기술이 발전하면 할수록 기술이 하나님의 자리를 차지하려 할 것이다. 그리스도인들은 기술이 아무리 발전하더라도 그것을 하나님의 발아래에 놓을 줄 아는 자세를 지켜야 할 것이다.

◆ 그룹 스터디를 위한 질문들

1. 유발 하라리는 과거에 인류가 어떻게 진화해 왔다고 보는가?

2. 유발 하라리가 미래에 인류가 중점적으로 추구할 목표라고 한 세 가지는 무엇인가?

3. 유발 하라리가 말하는 '호모 데우스'란 어떤 의미인가? 호모 데우스가 되기 위해 인류가 이용할 것으로 보는 기술은 어떤 것인가?

4. 성경적 관점에서 볼 때 유발 하라리의 주장에서 잘못된 점은 무엇인가?

5. 그리스도인들은 4차 산업혁명 시대의 진화론적 인간관 주장에 대해 어떻게 대응해야 하는가?

4차
산업혁명과
그리스도인의
삶

제 6 장

4차 산업혁명 시대,
기술이 구원한다

제6장

4차 산업혁명 시대, 기술이 구원한다

4차 산업혁명이 과거의 1차, 2차, 3차 산업혁명과 가장 크게 다른 점은 잘 먹고 잘 사는 것, 좀 더 부자가 되는 것에 대한 희망을 품게 한 것이 아니라 과거에는 신의 영역이라고 간주하였던 영역에 인간이 발을 내딛기 시작했다는 것으로 생각한다. 4차 산업혁명의 특징을 여러 가지로 말하지만, 신학적 관점으로 볼 때는 마치 에덴동산 중앙에 있는 선악을 알게 하는 나무 근처에 접근한 것과 유사한 상황으로 보인다.

하나님이 아담에게 금하셨던 에덴동산 중앙에 있던 그 나무가 어떤 품종인지 우리가 정확히 알지 못하지만, 그 나무의 기능이 무엇이었나에 대해서는 우리가 어느 정도 이해하고 있다. 그 나무는 하나님이 특별히 구별하여 금하신 것으로써 성별(consecration)의 의미가 있다. 아담과 하와는 동산의 모든 것을 마음대로 누릴 수 있었지만, 그 나무에 대해서만은 열매를 따 먹지 말라는 하나님의 명령을 지켜야 했다. 그리고 이 순종은 바로 하나님에 대한 순종으로 연결되었다.

흔히 역사 속에서 세상을 바꾼 세 개의 사과가 있다고들 말한다. 첫째, 바로 아담과 하와가 따 먹은 에덴동산 중앙의 나무 열매이다. 남자의 목에 앞으로 돌출해 있는 부분인 울대를 영어로는 'Adam's apple'(아담의 사과)이라고 한다. 마치 아담이 사과를 먹다가 걸려서 튀어나온 것 같은 상황을 연상하게 한다. 왜 그렇게 되었는지 모르지만 많은 사람은 그 열매가 바로 사과라고 생각한다. 둘째, 뉴턴이 만유인력의 법칙을 발견하는 계기가 되었던 사과이다. 셋째, 4차 산업혁명을 선도하는 기업 중 하나인 애플사의 로고에 들어있는 사과이다.

이 세 개의 사과 중에서 그리스도인들이 볼 때 가장 안타까운 사과는 바로 아담과 하와가 따 먹은 사과라 하겠다(여기서는 동산 중앙의 나무 열매가 사과였다고 가정하자). 그 사과가 그대로 달려 있었다면 순종의 표시였겠지만, 아담과 하와가 그 사과를 따서 먹는 순간 그것은 하나님에 대한 반역의 표시였다. 하나님과의 관계가 끊어지고 에덴동산에서 쫓겨나 살면서 아담과 하와는 구원을 갈망했다.

1. 하나님이 타락한 인류에게 제시하신 구원의 길

하나님은 아담과 하와가 범죄를 저질렀으나 이 범죄에 대한 처벌을 즉각 시행하지 않고 유예하셨다. 그리고 그리스도의 성육신 전까지의 기간에는 그리스도에 대한 예언과 그리스도의 모형 제시라는 두 가지 방법을 통해 구원의 길을 알려 주셨다.

첫 번째 계시는 흔히 원시복음이라고 부르는 창세기 3장 15절이다.

> 내가 너로 여자와 원수가 되게 하고 네 후손도 여자의 후손과 원수가 되게 하리니 여자의 후손은 네 머리를 상하게 할 것이요 너는 그의 발꿈치를 상하게 할 것이니라 하시고(창 3:15)

여기서 여자의 후손을 통해 구원을 얻을 것이라는 계시를 주셨다. 그리고 하나님은 노아와도 보존 언약을 맺으셨다. 이것을 노아 언약이라고 부른다. 홍수 직후 노아는 하나님께 희생 제사를 드렸다. 이 희생 제사는 그리스도의 희생 제사를 예표 하는 모형이다.

이후 하나님은 아브라함을 부르시고 약속 언약을 맺어 아브라함 자손이 대적의 성문을 차지하고(창 22:17), 아브라함 자손으로 말미암아 천하 만민이 복을 받을 것이라고(창 22:18) 하셨다. 이 언약을 아브라함 언약이라고 부른다. 독자 이삭을 제물로 드리는 장면이나 제물로 드릴 양을 하나님이 친히 준비하시는 장면은 그리스도의 희생 제사를 예표 하는 모형이다.

이스라엘 민족의 출애굽 사건은 그리스도의 구속을 나타내는 가장 중요한 사건이다. 하나님은 시내산에서 모세와 이스라엘 민족과 함께 율법 언약을 맺으셨다. 모세 언약 또는 시내산 언약이라고 불리는 이 언약에서 하나님은 이스라엘 민족을 하나님 나라의 백성으로 삼으시고 하나님에 대한 순종을 요구하셨다. 율법을 성문화하여 주시고 각종 제사 제도를 규정하여 이스라엘 백성들이 하나님과의 관계를 유지할 수 있도록 하셨다.

하나님은 다윗과도 왕국 언약을 새롭게 하셨다. 다윗 언약을 통해 하나님은 그리스도가 다윗의 후손으로 올 것을 알려주신다.

또한 하나님은 예레미야 선지자를 통해 새 언약을 계시해주셨다.

> 여호와의 말씀이니라 보라 날이 이르리니 내가 이스라엘 집과 유다 집에 새 언약을 맺으리라(렘 31:31)

> 그러나 그 날 후에 내가 이스라엘 집과 맺을 언약은 이러하니 곧 내가 나의 법을 그들의 속에 두며 그들의 마음에 기록하여 나는 그들의 하나님이 되고 그들은 내 백성이 될 것이라(렘 31:33)

구약 성경에 기록된 이 모든 것들을 우리는 일반적으로 언약이라고 부른다. 좀 더 정확하게는 은혜 언약의 계시라고 부른다. 하나님이 예수 그리스도를 통하여 이루고자 하시는 구원의 일을 구약 시대에 은혜 언약이라는 개념으로 하나님 나라의 백성들에게 알려주시는 것이다.

이 모든 구약 성경의 구원에 대한 계시들은 성육신하신 예수 그리스도께서 확정하신 '새 언약'을 가리키는 것이다. 예수 그리스도는 누가복음 22장 20절에서 은혜 언약이 지시하는 내용이 무엇인지를 알려주며 그것을 기념하라고 하신다.

> 저녁 먹은 후에 잔도 그와 같이 하여 이르시되 이 잔은 내 피로 세우는 새 언약이니 곧 너희를 위하여 붓는 것이라(눅 22: 20)

성찬을 행할 때마다 기념하는 것은 바로 새 언약이다.

새 언약의 핵심 내용은 바로 죄인들을 대신하여 죄 없는 예수 그리스도가 자신을 제물로 드림으로 죄인들의 죗값을 대속하여 구원한다는 것이다. 성부 하나님은 예수 그리스도를 부활하게 하시고 그에게 모든 것을 주셨다. 예수 그리스도는 승천하신 후 하나님의 보좌 우편에서 왕으로 통치하며 성령을 대신 보내어 구속 사역의 성과를 모든 택자들 각 개인에게 적용하게 한다.

오직 예수 그리스도를 믿음으로, 그리스도의 영이라 불리는 성령이 내주하며 성령의 거듭나게 함으로 우리는 새 생명을 얻는다. 중생의 순간에 성령이 그리스도와 중생자를 하나로 만드는 그리스도와의 연합이 일어난다. 중생의 순간에 또한 하나님은 택자들을 의롭다 하시고, 양자로 삼으시고, 거룩한 백성으로 변화시키신다.

거듭난 신자들은 그 후 성화의 과정에 들어가며 견인의 은혜에 힘입어 생의 마지막 순간까지 분투하며 믿음을 지킨다. 그리스도의 재림 때에는 부활의 몸을 갖고 최후 심판을 통과하여 영원한 하나님의 나라에서 행복하게 살게 될 것이다. 이 일이 확실한 것은 성령이 신자들 안에 내주하시며 구원의 보증이 되시기 때문이다.

2. 과학주의와 유물론에 경도되어 있는 4차 산업혁명 시대

4차 산업혁명 시대를 특징짓는 각종 첨단 기술들은 근대 이후 획기적으로 발전한 '과학'의 성과들을 기반으로 한다. 흔히 서양사에서 중세 시대는 신학이 모든 학문 중의 왕이었으며 다른 학문은 모두 신학을 섬기는 하위 학문으로 여겨졌다고 한다. 그러나 르네상스 이후 그리고 근대 과학이 발전하면서 신학의 권위는 급격히 추락하였고 현대에 와서는 신학이 오히려 과학보다 현저히 열등한 학문처럼 인식되고 있다.

과학이 갖고 있는 학문적 특성을 만족하게 하지 못하는 신학은 신빙성이 없는 것처럼 많은 과학자가 비판한다. 이런 비판은 주로 비그리스도인 과학자들에게서 나온다. 기독교 신학은 기본적으로 성경을 자료로 하고 믿음을 인식 원리로 하여 이루어진다.

현재의 주류 과학의 관점에서 볼 때 이러한 기독교 신학은 합리적이고 검증할 수 있어야 하는 일반적인 과학의 특성을 갖고 있지 않다. 눈에 보이지 않는다는 점에서는 같지만, 과학자들은 중성자, 쿼크의 존재는 믿으며 과학 연구의 대상으로 삼으면서도 하나님, 성령, 천국의 존재 여부는 믿지 않으며 과학 연구의 대상으로 보지 않는다.

이러한 과학은 유물론과 밀접한 관계가 있다. 간단하게 말하면 유물론은 세상에 존재하는 모든 것들의 작용이 물질에 기초한다는 사상이다. 유물론에 따라 인간을 보면 인간의 몸은 여러 가지 성분들로 구성되어 있고 그 몸 안에서 여러 가지 생화학적 반응이 일어나면서 조화롭게 움직이고 있는 기계라고 할 수 있다. 요즘 표현으로 하자면 인간도 로봇이다. 인간의 고유한 특징이라고 하는 영혼을 가졌다는 말도 유물론 입장에서 보면 헛소리일 뿐이다. 사람이 생각하고 감정을 느끼고 하는 것은 뇌에서 일어나는 생화학적 반응의 효과일 뿐이라는 것이다.

근대 과학이 발전하던 초기의 과학자들은 과학이라는 학문이 신학과 조화될 수 있는 것으로 보고 과학이란 일종의 자연신학을 하는 것이라고 여기기도 하였다. 따라서 과학을 함으로 하나님을 부정하는 것이 아니라 오히려 하나님의 창조와 섭리 사역을 더욱 잘 드러내 보이고자 하는 경향이 있었다.

그러나 이러한 자세는 주류가 되지 못했고 유물론이 과학의 철학적 기초가 되어 버렸다. 그래서 현대의 과학은 지극히 유물론적이다. 이 말은 과학이 결코 중립적이지 않고 기독교 신학과 어느 정도 대척점에 서 있다는 것을 의미한다.

이처럼 과학이 유물론과 결합하면서 과학만 옳고 과학만 유용하다는 '과학주의' 사상이 팽배하게 되었다. 심지어 '과학'이라는 말이 들어가야 학문 다운 학문이라는 인식을 하게 되었다. 그래서 과학 중에서도 가장 핵심이라 할 수 있는 물리학 같은 학문과 학문적 특성에 차이가 있는 다른 분야들도 '과학'이란 용어를 적극적으로 사용하고 있다.

'의학'을 '의과학'으로, '생물학'을 '생명과학'으로, '수학'을 '수리과학'으로, '경영학'을 '경영과학'으로, '역사학'을 '역사과학'으로, '창조신학'이라 해야 할 것을 '창조과학'이라 부르는 등 '과학'이 갖는 프리미엄을 활용하고자 하는 경우가 많다.

4차 산업혁명과 관련된 주요 기술들의 개발도 대부분 이러한 유물론과 과학주의 사상에 기초하고 있는 것으로 보인다. 클라우스 슈밥(Klaus Schwab, 1938-)이 제시한 4차 산업혁명의 주요 기술들은 모두 물리적이거나 물질적인 것을 만드는 것과 관련되어 있다.[1] 그야말로 지금의 세상은 물리적이거나 물질적인 것들로 꽉 차 있다. 칸트의 표현으로 하자면 현상계에 대한 연구개발 활동만 가득하며 예지계에 대한 연구개발 활동은 미미하다.

그런데 우리가 주목해야 하는 것은 이러한 유물론적 과학주의가 인류 역사상 가장 부유하고 장수하는 시대를 열었다는 점이다. 각종 과학기술의 발전으로 부가 증가하였고, 질병과 부상 치료에 신기원이 열렸다. 장수는 많은 사람의 오래된 소원이었는데 과학기술의 발전은 사람들이 장수를 위해 하나님께 기도하는 것이 아니라 좋은 약을 찾아서 먹도록 행태를 변화시켰다.

『특이점이 온다』라는 책으로 유명한 구글 엔지니어링의 이사 레이 커즈와일은, 특이점이 오는 시기로 자신이 예측한 2045년을 보고 싶기에 자기에게 딱 맞는 자신만의 약을 만들어 먹고 있다고 한다. 커즈와일이 보여준 자신의 아침, 점심, 저녁 약 사진에 있는 알약과 캡슐의 개수를 세어보면 대략 아침 약 67알, 점심 약 59알, 저녁 약 24알이다. 이는 기독교가 가르치는 것처럼 영원한 생명을 하나님으로부터 얻는 것이 아니라 발전된 과학기술의 능력에 힘입어 자기 스스로 자신에게 영생을 부여하고자 시도하는 것이다.

---

[1] Klaus Schwab, *The Fourth Industrial Revolution*, 송경진 역, 『클라우스 슈밥의 제4차 산업혁명』 (서울: 새로운현재, 2016), 36-49.

3. 기술이 가져다주는 천국, 그리고 구원

사람들은 다양한 것들로부터 만족과 행복을 느낀다. 그런데 4차 산업혁명 시대에 사람들에게 만족과 행복을 가져다주는 요인들로는 종교적 요인보다는 기술적 요인이 훨씬 더 중요하게 작용하는 것으로 보인다. 당장 우리 자신과 우리를 둘러싼 주변만 살펴보아도 분명히 알 수 있다. 초등학교 취학 전 아이에게까지 주어진 스마트폰, 아이는 그 스마트폰을 통해 거대한 인터넷 세계와 연결된다. 스마트폰으로 영상을 보고, 스마트폰으로 게임을 하고, 스마트폰으로 음성통화와 영상통화를 한다. 스마트폰이 아이의 행복이다.

아이에게서 스마트폰을 뺏으면 어떤 일이 일어나는가?

아이는 우울해지고 행복 지수가 급락할 것이다.

소프트뱅크에서 사람들과 대화하며 친구가 되어주는 인공지능 로봇 페퍼를 출시했을 때 많은 고독한 노인들이 반려동물이 아닌 페퍼를 집에 들였다. 페퍼는 반려동물은 절대로 할 수 없는 인간의 언어로 대화하는 것이 가능했다. 독거노인들에게 페퍼가 집으로 들어온 것은 천국이 열린 것과 같았다.

사고로 손을 잃은 사람이 과거에는 손 모양의 의수를 끼고 다니는 정도였다면 이제는 로봇 의수를 장착하고 원래의 손처럼 자유롭지는 않지만, 손을 움직여 작업할 수 있게 되었다. 심지어 팔의 끝부분 절단된 곳 근처에 남아있는 신경의 신호를 잡아서 그것을 로봇 의수와 연결하여 로봇 의수가 원래의 손처럼 움직이게 하는 기술도 개발되어 있다.

영화 <스타워즈>에서 주인공 루크 스카이워커가 검투 중 한쪽 손목이 잘려 손을 잃었지만, 로봇 의수를 장착하여 원래의 손처럼 자연스럽고 온전하게 사용하는 장면이 나오는데 4차 산업혁명의 기술은 그 정도까지는 아니지만, 상당히 발전된 면모를 보여주고 있다. 계란을 집을 수 있고 정상적인 다른 쪽 손과 함께 계란을 깨서 계란 후라이를 만들 수 있으며 식칼을 들고 요리를 할 수 있다. 유리병에 담긴 음료를 집어 들고 유리잔에 따른 후에 유리잔을 들고 음료를 마실 수 있다.

손을 잃은 사람에게는 이것이 바로 천국이며 이것이 바로 구원이 아닐까?

가난한 나라에 태어나서 가족들을 부양하기 위해 자기 나라보다 잘 사는 나라에 가서 힘든 일을 하며 돈을 모아 본국의 가족들에게 송금하는 사람이 있었다. 그가 외국에서 본국으로 송금하려면 수수료율이 꽤 높은 송금수수료를 지불하고 본국으로 보내야 했다. 그런데 가족들이 그 돈을 찾아서 쓰려면 상당한 금액의 환전 수수료도 지불해야 했다. 암호화폐인 비트코인이 출현한 이후, 그는 비트코인으로 본국의 가족들에게 송금할 수 있었고 여기에 소요되는 수수료는 과거에 비하면 비교할 수없이 작아졌다.

이것이 바로 가난한 이 가정에 임한 천국이 아닐까?

나이가 많이 들고 건강이 나빠서 장시간의 항공 여행을 할 수 없는 부모가 있다. 자녀들이 한없이 보고 싶은데 예전에는 그럴 수가 없었다. 그러나 이제는 스카이프나 페이스북, 카카오톡을 이용해 먼 외국에 가 있는 자녀와 얼굴을 보며 수시로 그리고 거의 무료로 영상통화를 할 수 있게 되었다.

그들에게는 이것이 바로 천국과 같은 경험이 아닐까?

사람들에게 아주 유용한 아이템을 만들었는데, 옛날 같으면 판로를 찾기 힘들었던 사람이 큰 비용 들이지 않고 인터넷과 SNS를 사용하여 홍보한 결과 매출이 급상승하게 된 경우, 이 사람에게 인터넷과 SNS는 천국이 아닐까?

4차 산업혁명의 주요 기술들은 많은 사람에게 다른 요인들로는 줄 수 없었던 큰 만족과 행복을 주고 있다. 이것은 분명 하나님이 인류에게 주시는 복의 한 부분이다.

4. 기술이 가져다주지 못하는 진짜 천국과 진짜 구원

하지만 4차 산업혁명의 기술들이 우리에게 큰 만족과 행복을 가져다준다고 해서 그것으로 충분하다고 생각하는 오류에 빠져서는 안 된다. 4차 산업혁명 시대에 전개될 기술 진보의 결과는 보통 사람들의 상상을 초월할 것이다. 지금까지 SF 영화에서 단지 '상상력'의 산물이라고 생각하며 보았던 것 중에 상당수가 실제로 실현될 것이다. 기술이 사람들에게 주는 효용이 점점 더 커져서 더할 나위 없이 큰 행복을 경험할 것이다.

그러나 세상은 죄의 문제 때문에 결코 온전하지 않아서 기술 발전이 주는 행복이 커지는 것과는 별개로 아픔과 갈등과 악의 문제는 여전히 인류와 함께할 것이다.

4차 산업혁명의 기술들은 대부분 철저한 유물론에 입각해 있으므로 이 기술의 신봉자들은 성경이 이야기하는 천국과 구원에 대해서는 엉터리라고 여긴다. 개인에 해당하는 구원은 개인이 고통으로부터 해방되는 것, 죽지 않는 불사의 삶을 사는 것으로 생각한다. 그들의 인식은 물리적이고 물질적인 세계에서의 수명 연장일 뿐이다.

　이것은 기독교가 말하는 참된 구원과는 거리가 아주 멀다. 영생은 오직 부활의 몸을 입은 후, 영원한 하나님 나라에서의 삶 속에서만 찾을 수 있다. 우리에게는 부활의 몸이 필요한 것이지 사이보그 공학 기술로 만들어진 내구성 좋은 소재로 만든 로봇 몸체가 필요한 것이 아니다.

　천국도 마찬가지이다. 2천여 년 전, 예수 그리스도의 오심과 함께 하나님의 나라, 천국이 도래하였다. 하나님의 나라가 이 세상 속으로 뚫고 들어왔다. 그 전까지는 모형으로만 주어졌던 천국이 시작되었다.

　지금은 종말의 시기이다. 승천하신 후 하나님 보좌 우편에 계시며 세상을 다스리시는 예수 그리스도께서 다시 오시면 하나님의 나라가 드디어 완성된 상태로 들어갈 것이다. 그때까지는 '이미' 시작된 천국과 '아직' 미완성된 천국이라는 역설의 상태에서 살아가는 것이다. 현재 우리는 이러한 과도기에 살고 있다.

　그리고 우리가 천국에 들어가 있는가?

　그 여부는 우리가 성령의 내주하심으로 인해 그리스도와 연합되어 있는가에 의해 결정된다. 성령의 내주하심으로 인해 하나님 나라의 시민권이 발부된 사람들만이 천국을 인식하고 누릴 수 있다.

하지만 현재 우리가 경험하는 천국은 연약함과 흠이 아주 많다. 그래서 세상의 좋은 것들과 단순 비교하면, 천국의 것이라고 하면서도 세상보다 더 못나 보이는 것도 있을 수 있다. 그러나 그래 보여도 그것이 천국이다. 휘황찬란하고 대단한 것으로 보여도 그리스도와 연합되어 있지 않은 사람과 그의 소유는 그리스도의 재림 이후 있을 시험을 결코 통과하지 못한다. 반대로 약해 보이고 미련해 보여도 그의 안에 성령을 갖고 있고 그리스도와 연합되어 있는 사람들은 마지막 심판을 통과하여 모든 것이 완벽한 영원한 하나님의 나라에 들어갈 것이다.

우리 그리스도인들은 사람들의 눈을 혹하게 하는 4차 산업혁명 시대에 더욱더 깨어 기도하며, 일반은총 차원에서 인류에게 주어진 복과 참된 구원을 위해 주어진 특별은총 차원의 복을 구별할 수 있어야 한다. 일반은총 영역에서 아무리 많은 결실과 성과가 있다 하더라도 특별은총을 받아 거듭나고 성령이 내주하며 하나님의 자녀가 되는 역사를 경험하지 못하면 그의 인생은 마지막에 비참하게 될 것이다.

기술은 우리에게 큰 만족과 행복을 주겠지만 결코 우리에게 구원을 가져다줄 수는 없다. 우리의 구원은 오직 주 예수 그리스도를 믿음으로 말미암아 그리고 성령의 거듭나게 하시는 역사로 그리고 하나님께서 양자로 삼아 주심으로서 가능한 것이다.

◆ 그룹 스터디를 위한 질문들

1. 하나님이 타락한 인류에게 제시한 구원의 길은 무엇인가? 하나님은 그 길을 인류에게 어떻게 알려주셨는가?

2. 4차 산업혁명 시대는 사상적으로 유물론과 과학주의에 경도되어 있다고 할 수 있다. 유물론과 과학주의의 특징은 무엇인가?

3. 4차 산업혁명 시대의 기술 발전은 인류에게 큰 행복을 가져다주며, 하나님을 알지 못하는 이들에게는 이것 자체가 구원이자 천국으로 여겨질 수도 있다. 어떤 사례들이 있는지 나누어 보자.

4. 4차 산업혁명의 기술들이 획기적인 혜택을 우리에게 준다 하더라도 우리가 잊지 않아야 할 진짜 구원과 진짜 천국은 무엇인가?

4차
산업혁명과
그리스도인의
삶

제 7 장

4차 산업혁명 시대의 교회,
플랫폼 경쟁에 놓이다

제7장

4차 산업혁명 시대의 교회, 플랫폼 경쟁에 놓이다

4차 산업혁명의 주요 기술들의 영향으로 나타난 경제 사회적 변화 중에 가장 주목할 만한 이슈 중 하나가 바로 '플랫폼'(platform)이다. 플랫폼 비즈니스는 어떤 독특한 형태의 비즈니스 모형을 구상하고 그 모형이 돌아갈 수 있는 토대를 구축해 놓고 그 안에 많은 사용자를 끌어들이고 사용자들이 빠져나가지 못하게 하면서 사용자들로부터 수익을 뽑아내는 것을 가리킨다. 플랫폼 비즈니스는 네트워크 외부성(network externality) 효과가 작용하는 사업이다.

처음 시작할 때는 네트워크의 규모가 작고 경쟁자도 여럿 있을 수 있지만, 플랫폼 비즈니스를 추구하는 기업은 최대한 빨리 자신의 몸집을 키우려고 하고, 일단 경쟁자들보다 앞서서 1등의 자리에서 달리기 시작하면 성장 규모가 점점 더 가속화되고 규모가 작은 다른 회사들은 따라올 수 없게 된다. 결국, 큰 시장을 혼자서 장악한 채 독점적 이익을 가져가는 구도가 만들어지는 것이다.

이런 회사들은 규모에서 1등을 유지하며 시장을 완전히 장악하는 것이 중요하기 때문에 외부 투자를 적극적으로 유치하고 관련 사업체들을 신속하게 인수·합병하며 고속 성장을 추구한다. 요즘 우리는 이런 회사들을 아주 많이 볼 수 있다.

1. 4차 산업혁명 시대의 주요 플랫폼들

세계 10대 기업의 순위가 어떻게 변했는지를 통하여 우리는 큰 통찰을 얻을 수 있다. 1990년의 세계 10대 기업 순위는 1위 IBM, 2위 히다치, 3위 파나소닉, 4위 알카텔, 5위 NEC, 6위 소니, 7위 후지쯔, 8위 닌텐도, 9위 후지필름, 10위 샤프였다. 대부분이 일본 업체였고 전자 제조 업체였다.

그러나 2012년에는 1위 애플, 2위 엑슨 모빌, 3위 페트로 차이나, 4위 마이크로소프트, 5위 ICBC, 6위 월마트, 7위 IBM, 8위 차이나 모빌, 9위 GE, 10위 AT&T였다. 22년 후에 일본의 전자 제조 업체들은 대거 몰락했고 미국 기업들이 약진했으며 소프트웨어, 통신사, 대형소매업 등이 순위에 들었다.

그로부터 5년 후인 2017년의 10대 기업 순위는 더 놀랍다. 1위 애플, 2위 구글, 3위 마이크로소프트, 4위 아마존, 5위 페이스북, 6위 버크셔 헤써웨이, 7위 엑슨 모빌, 8위 존슨&존슨, 9위 텐센트, 10위 알리바바의 순이다. 새로운 플랫폼을 제공하는 기업들이 대거 약진한 것이다.[1]

---

[1] 이영미, 이윤석, "4차 산업혁명 시대, 코딩 기술과 교회 교육," 「신앙과 학문」 23/2 (2018): 219-220.

이들 외에도 바이두, 우버, 에어비앤비, 넷플릭스 같은 유명한 기업들이 있다. 이들 기업은 불과 10년 전만 해도 이름을 들어볼 수 없는 기업들이다. 그런데 어느 순간 혜성처럼 세계적인 기업으로 나타난 것이다.

구글을 보자.

구글은 검색엔진 분야에서 중국과 한국을 제외하고는 아마도 전 세계 대부분의 나라에서 1위를 독주하고 있을 것이다. 중국의 바이두, 한국의 네이버만 구글과 로컬 시장에서 경쟁할 수 있을 듯하다. 그것도 검색엔진 영역에서만 그렇다. 구글이 인수한 유튜브는 동영상 공유 플랫폼에서 압도적인 지위를 차지하고 있다.

구글맵은 어떤가?

전 세계 여행자들이 구글맵의 도움을 받는다. 로컬 내비게이션이 없어도 구글맵으로 웬만한 내비게이션 기능을 사용할 수 있다. 한번 구글에 발을 디디면 누구도 빠져나갈 수 없는 지경이라고 할 수 있다.

페이스북은 어떤가?

페이스북은 친구 관계를 맺고 관리할 수 있는 서비스를 제공한다. 먼저 시도한 것으로만 보자면 우리나라에도 '아이러브스쿨'과 '싸이월드'라는 SNS 서비스를 제공한 기업이 있었다. 아이러브스쿨과 싸이월드는 한국 내에 제한되었지만, 페이스북은 전 세계에 순식간에 퍼져 나갔고 전 세계인이 연결된 거대한 네트워크로 커졌다.

사람들은 매일같이 페이스북에 들어가 친구들이 어떻게 지내는지 살펴보고 글을 남기며 소통한다. 많은 사람은 페이스북을 자신의 일기장처럼 사용하며 자신의 기록을 남긴다. 텍스트, 이미지, 동영상 등 자신의 삶에서 아주 중요한 의미가 있다고 생각되는 것들을 선별하여 남긴다. 페이스북 내에서 관심사가 같은 사람들끼리 그룹 활동도 가능하다.

페이스북 메신저는 카카오톡처럼 별도의 통신사를 이용할 때 드는 통신료를 지불하지 않고서 무료로 전 세계 어디에 있든지 관계없이 인터넷만 연결되어 있으면 음성통화와 영상통화가 가능하다. 페이스북은 이제 많은 사람에게 떼려야 뗄 수 없는 필수품이 되었다.

아마존은 또 어떤가?

미국에 무수히 많은 서점이 있는데, 전 세계 사람들이 영어로 된 책을 구입할 때 가장 먼저 찾는 곳이 바로 아마존이다. 아마존은 진입장벽이 낮고 경쟁이 매우 치열한 도서 판매 시장에서 온라인으로 전 세계에 책을 판매하는 플랫폼을 가장 적극적으로 밀어붙여서, 마침내 북미 지역을 중심으로 전 세계 온라인 소매 시장을 장악한 괴물이다.

언어와 비관세 무역 상벽 때문에 시장이 보호되는 중국의 알리바바도 아마존과 유사한 성격을 갖고 있다. 글로벌 넘버원이 된 아마존은 이제 더 이상 온라인 서점이 아니다. 책 말고도 온갖 상품들을, 이 플랫폼을 이용하여 판매한다.

효율성을 높이고 비용을 낮추기 위해, 우리 눈에 보이는 아마존 웹사이트 뒤에서는 4차 산업혁명의 최첨단 기술이 총동원되어 구매, 재고관리, 물류, 배송을 담당하고 있다.

에어비앤비는 어떤가?

이 새로운 플랫폼이 나타나기 전까지 우리는 여행을 할 때 숙소를 예약하기 위해서 호텔스닷컴 같은 사이트를 이용해 호텔을 예약해야 했다. 호텔스닷컴도 그것이 없을 때보다는 훨씬 우리를 편하게 해 주었다.

그러나 에어비앤비가 나타나면서 사용자들은 그것이 없던 때보다 숙소 사용의 선택지가 획기적으로 늘어나고 비용도 호텔을 이용하는 것에 비해 훨씬 절감할 수 있게 되었다. 개인들이 갖고 있는 숙소를 4차 산업혁명의 핵심 기술들을 이용하여 연결하고 필요한 사람들이 사용할 수 있도록 한 것이다. 소위 '공유 경제' 개념을 이용한 것이다.

애플의 경우도 이런 경향이 있다. 애플은 독특한 디자인과 운영체제, 사용법 때문에 IBM PC나 안드로이드 스마트폰과는 플랫폼이 다르다. 그런데 많은 사람이 애플의 고유하고 독특한 점에 매료된다. 많은 사람이 애플 제품을 이용하는 이유는 그것이 바로 애플이기 때문이라고 말한다. 일종의 컬트적 요소, 애플이라는 이미지를 숭상하는 종교적 요소가 어느 정도 있다고 할 수 있다.

사실 그렇다. 애플은 애플이라서 사용한다. 에어비앤비를 한번 이용해보면 다음부터는 호텔을 굳이 이용하지 않고 또 에어비앤비를 이용하고 싶어진다.

아마존?

영어책을 구입하려면 그냥 아마존을 찾는다. 왜 다른 곳은 알아보지 않느냐고 하면 그냥 아마존이 있으니까 여기서 하면 된다고 할 것이다. 페이스북은 왜 못 끊냐고 누가 물으면 이제는 내 몸의 일부와 같아서, 나의 과거 기억을 담고 있는 외장 하드와도 같아서, 그리고 친구들과 살아있는 관계가 끊어질 것 같아서 못 한다고 그럴 것이다.

구글은?

당신이 구글 없이 살아보라고 할 것이다. 구글 없는 여행, 구글 없는 인생은 생각할 수도 없다고 할 것이다.

2. 교회, 플랫폼 경쟁 상황에 처하다

사실 교회도 플랫폼의 관점에서 볼 수 있다. 교회는 기독교 신학의 교회론에서 정의하고 있는 것과 같은 특징을 가진 플랫폼이다. 교회라는 플랫폼은 다음과 같은 특징을 갖고 있다.

교회는 부르심을 받은 사람들의 모임이다. 구약 성경에서는 '카할,' 신약성경에서는 '에클레시아'가 이런 의미로 사용되었다. 이 외에도 성경에서는 교회를 가리키는 표현으로 '그리스도의 몸,' '성령의 전' 또는 '하나님의 전,' '위에 있는 예루살렘,' '새 예루살렘,' '하늘의 예루살렘,' '진리의 기둥과 터' 같은 것들이 사용되고 있다.[2]

교회는 다양한 방식으로 정의된다.[3]

---

2 Berkhof, 『벌코프 조직신학』, 811-814.
3 Berkhof, 『벌코프 조직신학』, 825.

① 선택의 관점에서 "교회는 선택받은 자들의 공동체"라고 정의할 수 있다. 이 정의는 아직 태어나지 않은 택자들, 태어났지만 아직 중생하지 않은 택자들, 사망한 중생자들 등을 모두 포함하기 때문에 우주적 교회의 정의로는 합당하지만, 눈에 보이는 가시적 교회와는 일치하지 않는다.

② 유효적 소명의 관점에서 교회는 "유효하게 부르심을 받은 자들의 몸," "신자들의 공동체"라고 정의할 수 있다. 이 정의는 교회의 유형적 측면을 반영한다. 즉, 생존하여 교회에 출석하고 있는 사람들을 가리킨다.

③ 세례와 고백의 관점에서 "교회는 세례받고 참믿음을 고백하는 자들의 공동체"로 정의할 수 있다. 이는 외적인 표에 의한 기준이다. 일반적으로 지역 교회의 멤버십을 말할 때는 이 기준에 따른다.

좀 더 간단하게 이야기하자면, 교회란 현재, 과거, 미래를 막론하고 하나님의 택함을 받은 자들의 공동체라고 할 수 있으며, 우리가 통상적으로 이야기하는 지역 교회는 세례 받은 신자들의 공동체라고 할 수 있다. 교회는 예수 그리스도를 머리로 하고 다른 모든 신자는 그 몸의 지체가 되어 전체 몸을 이룬다. 교회는 세례를 통해 새로운 멤버를 받아들인다. 한번 교회의 구성원이 된 사람들은 결코 떨어져 나갈 수 없다.

그리스도가 교회의 머리이기 때문에 교회는 그리스도로부터 유래한 권세를 갖는다. 교회가 행사할 수 있는 권세는 그리스도의 세

가지 직분인 왕, 제사장, 선지자의 직분과 관련하여 세 가지로 정의된다.

① 교회는 가르치는 권세를 갖고 있으며 이것을 적절히 행사해야 한다.
② 교회는 질서와 순결을 유지하기 위한 치리권을 갖고 있으며 이것을 적절히 행사해야 한다.
③ 교회는 복음 전파와 덕을 세우는 일을 하기 위한 사역권을 갖고 있으며 이를 적절히 행사해야 한다.

교회가 주어진 권세를 적절히 사용하며 건강한 교회로서의 정체성을 잘 유지하고 있는지를 판단할 수 있는 참된 교회의 표지로는 세 가지가 있다.

① 말씀의 참된 선포이다.
② 성례의 바른 시행이다.
③ 권징의 신실한 시행이다.

이 세 가지 기준에 미치지 못하는 것이 없도록 교회는 늘 깨어 있어야 한다.

마지막으로, 교회가 은혜를 받는 방편에 대해서 논한다. 교회는 부활 승천하신 후 하나님의 보좌 우편에서 왕으로 통치하고 계시는 그리스도와 모든 좋은 것을 함께 한다. 그리스도와의 연합이라는 구조 속에서 그리스도의 모든 좋은 것이 각 신자에게로 전달된다. 이렇게 전달되는 것을 통칭하여 '은혜'라고 한다. 교회의 일원이 된 모든 신자는 바로 이 은혜를 받을 수 있다. 신자들이 그리스도로부터 은혜를 받는 방편에는 크게 세 가지가 있다.

① 하나님의 말씀이다.
② 성례이다. 성례에는 세례와 성찬이 포함된다.
③ 기도이다.

지금까지 교회에 대해 설명한 내용이 바로 교회라는 플랫폼이 갖는 핵심적인 특징들이다. 교회는 이런 플랫폼을 갖고 교회의 일원이 될 참가자들에게 이 플랫폼 안으로 들어오라고 호소하고 있다.

적어도 기독교가 로마 제국의 국교가 된 이후 종교개혁 무렵까지만 해도, 서구 사회에서 교회는 가장 강력한 플랫폼이었다. 그리고 100여 년 전에 우리나라에 들어온 교회도 우리나라에서는 다른 종교들과의 경쟁에서 우위에 설 수 있는 아주 강력한 플랫폼이었다.

그런데 교회라는 이 막강한 플랫폼을 위협하는 경쟁 플랫폼이 나타나고 있다. 적어도 우리나라에서는 학원(들)이라는 플랫폼이 교회 플랫폼과의 경쟁에서 우위를 점하고 있다. 학원 플랫폼에 밀려서 시험 기간이 다가오면 학원에 가야 한다고 교회에 나오지 않는 아이들이 수두룩하다. 다음세대에 신앙을 전수하는 일에 있어서 큰 위협이 되고 있다.

하지만 앞으로는 이 정도에 그치지 않을 것이다.

3. 호모 데우스 네트워크

유발 하라리는 장차 4차 산업혁명 관련 기술들의 획기적 발전에 따라 '호모 사피엔스'라는 명칭을 갖고 있는 현재의 인류가 '호모 데우스'로 진화할 것이라고 주장하고 있다. 호모 데우스는 '데우스'가 뜻하는 것처럼 신이 된 인간을 의미한다. 여기서의 신은 전지전능한 기독교의 하나님을 가리키는 것은 아니다. 하라리가 말하는 신은 유한한 한계를 갖지만, 현재의 인류에 비해서는 월등한 능력을 갖춘 정도의 존재를 가리킨다.

호모 데우스는 생명공학 기술이나 사이보그 공학 기술, 인공지능과 신경과학 기술 등을 이용하여 인간의 수명을 연장해 사실상 죽지 않고 영속하는 존재가 된 사람을 의미한다. 각종 기술을 이용하여 현재의 인간보다 월등한 기능들을 갖게 된다. 호모 데우스라는 새로운 종이 생겨나면 호모 데우스들과 호모 사피엔스들 간에 경쟁이 있을 것인데, 그 과정에서 호모 데우스들이 승리하고 호모 사피엔스들은 도태되거나 또는 호모 데우스들의 지배를 받으며 비참하게 생존할 것이라고 전망한다.

사실 하라리의 호모 데우스 개념까지 가지 않더라도 플랫폼 비즈니스가 발전하면서 소수의 사람에게 세상의 부가 더욱더 편중되고 많은 사람은 일자리조차 구하기 힘들어지는 사태가 발생할 수 있다는 경고가 계속해서 나오고 있는 실정이다.

그런데 문제는 호모 데우스라는 존재는 철저하게 유물론적이라는 것이다. 호모 데우스에게 기독교의 하나님이나 영혼의 개념은 없다. 호모 데우스들의 네트워크는 새로운 계급을 형성한다. 호모 데우스들은 호모 사피엔스들과 갈등 관계에 있다. 호모 데우스들은 호모 사피엔스들에게 적대적인 행위를 할 가능성이 크다. 호모 사피엔스는 호모 데우스로 변환하지 않으면 살아남기 어려울 수 있다.

호모 데우스들은 기본적으로 하나님을 부인하므로 마치 바벨탑 사건의 주인공들처럼 자기들의 이름을 내고자 할 것이다.

이런 상황에서 그리스도인인 호모 사피엔스는 어떻게 할 것인가?

물론 호모 데우스라는 개념은 4차 산업혁명의 기술 발전에 대한 예상 중에서도 아주 특이한 것일 수 있다. 좀 더 가까운 미래에 쉽게 실현될 수 있을 것 같은 경우를 한 번 생각해보자.

예를 들어 호모 데우스는 아니더라도 사람들의 삶과 직결된 플랫폼을 장악한 어떤 사람이 그 플랫폼 안에 있는 모든 참여자에게 반기독교적인 것을 강요한다면 어떻게 할 것인가?

인터넷으로 연결된 플랫폼의 사례는 아니지만, 캐나다 브리티시콜롬비아 주에 있는 기독교 대학인 트리니티웨스턴대학교(Trinity Western University) 사례를 주의 깊게 볼 필요가 있다. 이 학교는 기독교 학교이기에 동성애 반대를 표방한다. 브리티시콜롬비아 주에서는 변호사 협회에서 변호사 자격을 주는데, 이 학교가 동성애 반대를 표방한다고 하여 이 대학 출신들에게는 변호사 자격을 주지 않겠다고 하였고, 소송전이 벌어졌다.

동성애를 수용하는 브리티시콜롬비아 주 변호사 협회 플랫폼이 기독교 대학 출신들을 고의로 배제하는 것이다. 브리티시콜롬비아 주에서 변호사로 일하기 위해서는 이 변호사 협회의 인정을 받는 길밖에 없으므로 트리니티웨스턴대학교 출신들은 이 주에서는 변호사가 될 수 없다.

아마도 이런 일들이 앞으로 종종 일어날 것이다.

4. 그리스도와의 연합 네트워크

그리스도인들은 그리스도를 머리로 하는 그리스도와의 연합 네트워크에 들어있다. 세상의 다른 대부분의 네트워크는 네트워크 안에 그리스도를 포함하고 있지 않다. 오직 교회만 그 네트워크 안에 예수 그리스도를 갖고 있다. 그래서 그리스도인들이 이 플랫폼과 관련하여 노력해야 할 사항이 세 가지가 있다.

첫째, 만약 유발 하라리의 주장처럼 장차 호모 데우스가 나타난다면 그때는 호모 데우스들의 네트워크와 그리스도와의 연합 네트워크 간에 플랫폼 경쟁이 치열하게 벌어질 것이다.

그 싸움은 성경에 계시된 마지막 때의 대환난에 해당될지도 모른다. 만약 그렇다면 우리는 이 싸움을 잘 견뎌낼 수 있도록 준비해야 할 것이다.

그리스도와의 연합 네트워크는 아담과 하와 이래로 점점 더 커져가고 있다. 창세 전에 영원 속에서 하나님의 선택 작정이 있었지만, 그 작정이 역사 속에서 한 명 한 명 차례로 실현될 때마다 중생자의 수는 한 명씩 차례로 증가해 왔다. 모든 그리스도인은 중생 시에 그리스도와 성령으로 연합된다. 교회는 사실상 가장 큰 네트워크다.

교회는 마지막 때에 적그리스도와 싸울 가장 강력한 대적자이다.

둘째, 그러나 4차 산업혁명 시대를 사는 그리스도인들은 이러한 영적 연합 외에도 유형적인 연합과 교통에 더욱 힘을 써야 할 것이다.

유형적이란 4차 산업혁명의 주요한 기술들을 도구로 활용하는 것을 가리킨다. 카카오톡이나 페이스북 같은 것을 이용한 풍부한 의사소통은 영적인 연합을 더욱 공고하게 하는 데 도움이 될 수 있다. 이런 것들은 교회 공동체를 더욱 강하게 해 줄 것이다. 각종 IT 기술들은 우리의 의사소통이 훨씬 더 정확하고 신속하면서도 풍부하게 이루어질 수 있도록 해 준다.

그리스도와의 연합 안에서의 교제와 교통이 그리스도인들 안에 풍성해야 한다. 그리스도와 각 택자들은 1:1로 연합되지만, 그리스도와 연합된 모든 신자 간에는 자동으로 형제자매 또는 친척 관계가 형성되기 때문이다. 신자들 간의 교제와 교통을 위해 IT를 더욱 적극적으로 활용할 필요가 있다.

셋째, 또한 교회가 아닌 다른 플랫폼에 그리스도인들이 참여할 때 그 플랫폼이 교회에 대하여 우호적이거나 아니면 최소한 중립적인 입장을 갖도록 적극적으로 영향력을 행사할 필요가 있다.

해당 플랫폼의 기본 정책이 어떻게 정해지느냐에 따라서 그 플랫폼에 속한 그리스도인들이 심각한 피해를 입을 수도 있기 때문이다. 이 영역에 대해서는 그리스도인들의 특별한 관심이 요청된다.

한때 정기적인 오프라인 모임은 없이 인터넷상의 관계를 위주로 하는 '인터넷 교회'라는 것이 등장한 적이 있다. 우리나라에서는 1999년 12월 15일에 '인터넷 교회'가 설립되어 2년 반 정도 지속되

였으나 결국 문을 닫았다.[4] 이 정도의 플랫폼으로는 4차 산업혁명 시대의 플랫폼 경쟁에서 이길 수 없다.

우리 그리스도인들은 호모 데우스 네트워크를 이길 수 있는 강력한 교회 플랫폼을 만들어나갈 필요가 있다.

---

4 전명수, "정보화 사회와 종교문화의 변용 – 교회의 인터넷 활용과 그 의의를 중심으로," 「종교연구」 33 (2003): 98-99.

◆ 그룹 스터디를 위한 질문들

1. 4차 산업혁명 시대에 그 중요성이 더욱 부각되고 있는 '플랫폼,' '플랫폼 비즈니스'란 무엇인가?

2. 주요한 플랫폼 기업으로는 어떤 것들이 있는가?

3. 플랫폼 기업들과 나의 삶은 어떤 관계가 있는가?

4. 교회라는 플랫폼은 어떤 특징을 갖고 있는가? 4차 산업혁명 시대에 교회 플랫폼은 경쟁력이 있는가?

5. 만약 유발 하라리가 주장한 호모 데우스들이 자신들만의 네트워크를 이루어 플랫폼을 형성한다면 세상은 어떻게 될까?

6. '교회'라는 플랫폼은 4차 산업혁명 시대에 어떤 역할을 해야 하는가?

7. 그리스도인들은 세상의 여러 플랫폼에 대해 어떤 자세를 가져야 할까?

4차
산업혁명과
그리스도인의
삶

제 8 장

**4차 산업혁명 시대의 종말,
진화론의 끝판왕이다**

제8장

4차 산업혁명 시대의 종말, 진화론의 끝판왕이다

종말론이란 주제는 종말, 즉 마지막 때에 개인과 세상이 어떻게 되는가를 다루는 분야다. 기독교 신학은 종말론을 중요한 주제로 다룬다.

그런데 비그리스도인들에게도 이러한 종말론이 있을까?

물론 기독교 아닌 타종교들에도 일종의 종말론이 있다. 하지만 기독교만큼 종말론이 상당히 큰 비중으로 체계적으로 다루어지는 경우는 찾아보기 어렵다.

그런데 4차 산업혁명이란 이 문화는 요즘 세상에 매우 강력한 종말론을 설파하고 있다. 4차 산업혁명이 보여주는 획기적인 기술 발전에 힘입어 많은 사람이 기술에 의해 실현될 '유토피아'를 기대하게 되었다.

삼성, LG 같은 기라성 같은 회사들이 20여 년 전에 광고에서 '테크노피아'라는 단어를 사용하며 기술에 의해 실현되는 천국의 비전을 제시한 바 있다. 그러나 그 당시에 그런 광고를 보면서 아마도 대부분의 사람은 지금과 같은 수준의 기술을 상상하지는 못했을 것이다.

제8장 • 4차 산업혁명 시대의 종말, 진화론의 끝판왕이다

앞의 장들에서 유발 하라리가 인류의 미래에 대하여 갖고 있는 전망에 대해 다룬 적이 있다. 하라리는 생명공학, 사이보그 공학, 인공지능과 신경과학 등의 획기적 발전으로 인해 인간이 죽지 않고 계속 살 수 있는 존재가 되리라 전망한다. 그리고 그런 인류를 '호모 데우스'라고 불렀다.

사실 이런 상상의 시작은 이미 오래전부터 있었다. 19세기 초반에 메리 셸리(Mary Shelly, 1797-1851)가 저술한 소설 <프랑켄슈타인>의 주인공은 그야말로 상상 속의 존재에 불과한 것이었다. 지금의 시각으로 보면 매우 조잡하고 단순한 생각이었지만 셸리 역시 기술이 무엇인가 특별한 역할을 할 수 있게 될 시대를 생각한 것은 분명하다고 할 것이다.

그런데 어설프게 생각되었던 프랑켄슈타인이 4차 산업혁명 시대의 기술에 의해서 더 이상 어설프지 않은 캐릭터로 나타날 가능성이 점점 더 커지고 있다. 20여 년 전 많은 기업이 미래를 기대하며 테크노피아의 세상을 외쳤던 그 비전이 이제 우리 앞에 성큼 다가온 것이다.

그러나 비그리스도인들이 4차 산업혁명 시대에 대하여 갖고 있는 종말론은 기본적으로 유물론적 관점에 입각해 있다. 이들의 사고에는 성경이 말하는 하나님의 나라, 부활, 천국 등의 개념이 없다. 따라서 그리스도인들은 4차 산업혁명이 가져오는 강력한 기술 중심적 종말관을 접할 때 충격과 갈등을 경험할 수 있다. 그래서 더욱더 그리스도인들은 성경이 말하는 종말관이 무엇인지 잘 알고 종말에 대한 해석을 할 수 있어야 한다.

1. 성경이 말하는 종말론

기독교의 종말론은 크게 각 개인의 종말을 다루는 개인적 종말론과 세상 전체의 종말을 다루는 일반적 종말론의 두 가지로 구분된다.

먼저, 개인적 종말론부터 살펴보자.

개인적 종말론은 인간의 육체적 죽음 이후의 양상에 대해 다룬다. 육체적 죽음이란 "몸과 혼의 분리에 의한 육체적 생명의 종결"이라 할 수 있다.[1] 이 육체적 죽음은 첫 번째 사망이라고도 불린다.

그러나 유물론자들의 입장과 달리 성경은 육체적 죽음으로 인간이 소멸된다고 말하지 않는다. 육체적 죽음은 '죄의 삯'이라는 개념을 기본적으로 갖고 있다. 그러나 그리스도인들에게는 천국의 삶의 시작점이며, 영혼의 성화가 완성되는 사건이라는 또 다른 의미를 갖는다.

육체의 죽음 이후 몸은 부패하지만 각 개인의 영혼은 그리스도와 연합된 생명의 상태 또는 그리스도와 분리된 사망의 상태 둘 중 하나로 존재한다. 각 개인은 그리스도의 재림 때에 육체도 다시 부활하여 각자 부활의 몸을 입고 최후의 심판을 받게 된다.

이제, 자연스럽게 일반적 종말론으로 넘어간다. 일반적 종말론은 세상 전체의 마지막 때가 어떠한지를 논한다. 성경은 그리스도의 재림 사건을 세상의 종말이 시작되는 특징적 사건으로 여긴다. 그리스도의 재림이 있기 전에 이방인들을 부르시고, 이스라엘 전체가 회심하고, 배교와 환란이 극심하고, 적그리스도가 나타나며, 수많은 표

---

1 Berkhof, 『벌코프 조직신학』, 936.

적과 기사들이 있을 것이라고 말한다. 예수 그리스도의 재림이 언제 있을 것인가는, 그럼에도 불구하고, 정확히 알 수 없다.

그러나 예수 그리스도의 재림 모습에 대해서는 몇 가지 특징이 알려져 있다. 승천하시던 모습처럼 몸과 영혼을 가진 사람의 모습으로, 우리가 볼 수 있게, 영광스러운 모습으로, 그러나 갑작스럽게 오실 것이라고 하였다. 이러한 예수 그리스도의 재림 목적은 이 세상의 마지막 때에 영원한 시대를 열기 위한 것이다.[2]

그리스도의 재림 이후에는 죽은 자들의 부활이라는 큰 사건이 있을 것이다. 그리스도인뿐만 아니라 비그리스도인들도 몸의 부활을 경험한다. 물론 그 의미는 다르다. 그리스도인들에게는 기쁨의 부활이 되겠지만 비그리스도인들에게는 절망의 부활이 된다.

죽은 자들의 부활 후에는 마지막으로 최후의 심판이 기다리고 있다. 모든 천사와 인간들이 심판대에 서게 된다. 심판의 잣대는 하나님의 모든 율법이 되며, 그리스도의 '의의 옷'을 입지 않은 사람들은 누구도 이 심판에서 무죄 선고를 받지 못한다. 최후 심판의 결과에 따라 악인은 영원한 형벌에, 의인은 새 하늘과 새 땅이 열리는 영원한 하나님의 나라에서 하나님과 교제하며 충만한 복을 누리며 지복의 삶을 살게 될 것이다.

이러한 기독교의 종말론은 타 종교가 갖고 있는 종말론과는 매우 다르다. 예를 들어, 불교나 힌두교가 갖고 있는 종말론은 현세와 천국(극락)이 영원히 존재하는 가운데 인간은 끝없이 윤회하는 삶을 사는 것을 특징으로 한다. <신과 함께>라는 제목으로 개봉되었던

---

[2] Berkhof, 『벌코프 조직신학』, 980.

영화는 동양 사상이 갖고 있는 윤회 사상을 잘 보여주었다. 그러나 성경은 인간의 종말을 그렇게 설명하지 않는다.

2. 개인의 종말에 대한, 4차 산업혁명에 근거한, 진화론적 이해

4차 산업혁명 시대를 특징짓는 인간관은 진화론적이며 유물론적이다. 그런데 4차 산업혁명의 첨단 기술들이 활용되면서 기본적으로 유물론적인 종말의 개념이지만 기술 적용의 성과가 어떻게 나타나느냐에 따라서 개인의 종말에 대한 관점을 크게 세 가지로 구분하여 이야기할 수 있다.

첫째, 의학과 유전학 기술의 발전에 따라서 노화와 질병의 원인을 최대한 해소하여 자연수명을 최대한 누리게 되는 상태의 인간을 가정할 때, 개인이 맞는 종말은 다음과 같이 그려볼 수 있다.

먼저, 이런 사람들의 종말은 현재 우리 일반인들이 겪는 것보다는 시기적으로 훨씬 후에 다가올 것이다. 간단하게 말하자면 그들의 수명은 현재의 우리보다 훨씬 길 것이다. 암이나 여러 가지 치명적인 질병들이 대부분 치료될 것이다. 노화 역시 질병의 일종으로 간주하며 최대한 노화를 억제할 수 있는 기술들이 개발될 것이다.

이런 방식으로 연장되는 수명이 120세가 될지, 200세가 될지, 아니면 창세기에 나오는 노아 이전의 인물들 기록처럼 900세가 될지는 모른다. 그러나 현재 우리들의 수명보다는 훨씬 더 길어질 것이라는 점은 분명해 보인다.

그럼에도 불구하고 그들의 수명은 유한하고 끝이 있다. 즉, 그들도 언젠가는 죽는다. 발달된 기술로도 통제하지 못하는 질병과 노화가 남아있을 것이기 때문이다. 게다가 그들 역시 사고에 의한 죽음의 위협에 노출되어 있다. 그래서 질병과 노화 때문이 아니라도 죽을 수 있다. 수명이 길든 짧든 간에 그들에게는 죽음의 순간이 찾아온다. 그리고 죽으면 끝이다. 죽으면 모든 정신작용이 중단되고 몸은 부패하기 시작한다. 그러면 사람을 구성하고 있던 모든 것들이 흩어지고 하나의 개별적 존재로 존재하던 것이 중단된다.

둘째, 의학과 유전학뿐만 아니라 로봇 공학과 사이보그 공학의 놀라운 발전에 힘입어 자연수명 자체에 구애받지 않는 신체를 갖게 된 상태의 인간을 가정할 때 개인이 맞는 종말은 다음과 같이 그려볼 수 있다.

앞의 첫 번째 상태에 더하여, 이 두 번째 상태의 인간은 사고나 치료할 수 없는 질병으로 신체 일부를 잃었을 때 그것을 인공물로 대체할 수 있다. 수십 년 전에 개봉되었던 영화 <스타워즈>의 한 장면에서 주인공 루크 스카이워커가 다스 베이더와 광선 검을 갖고 싸우던 중, 손목이 절단되었는데 로봇 손을 장착하는 모습이 지금도 기억에 남아있을 정도로 인상적이었다.

그런데 앞으로의 시대는 그런 일이 실현될 가능성이 매우 크다. 지금도 로봇 의수를 장착하고 계란을 집어서 깨거나 컵을 들고 음료수를 마실 수 있을 정도로 제어 능력이 발전하였다. 심지어 절단된 팔의 끝부분에 있는 신경의 신호를 감지하여 로봇 의수를 생각대로 움직이는 기술도 적용되고 있다.

아직은 스타워즈의 그 장면 정도의 수준에는 한참 못 미치지만 10년 전만 해도 존재하지 않던 기술이 이제는 실현되고 있는 것이다. 따라서 이런 상태의 인간은 첫 번째 상태의 인간에 비하여 훨씬 더 평균 수명이 길어진 삶을 살게 될 것이다.

어쩌면 실제로 인간의 시간 개념으로 볼 때는 종말이 없다고 할 수 있는 삶을 살게 될지도 모른다. 신체의 상당히 많은 부분을 인공물로 대체하면서 계속 존재할 수 있게 될 것이라는 게 4차 산업혁명 시대를 예측하는 많은 학자의 주장이다. 그러나 엄밀히 말하면 이런 상태의 인간들은 인간의 기준으로 볼 때는 꽤 오랫동안 존재하겠지만 영원히 존재할 수 있는 것은 아니다.

셋째, 유발 하라리나 레이 커즈와일의 예상처럼 인간이라는 존재 자체를 생화학적 알고리즘으로 보고 이 알고리즘을 비유기체, 즉 인공물에 구현할 수 있게 되어, 인간의 정신 활동을 인공물에 그대로 옮겨서 비유기체 상태의 인간으로 존재하는 것이 가능하다고 가정해 보자.

이 세 번째 상태의 인간은 첫 번째나 두 번째에 비해 훨씬 더 오랫동안 지속이 가능해진다. 개인적 종말의 시점이 훨씬 더 늦추어질 수 있다. 게다가 이제 몸에 해당하는 비유기체는 계속해서 교체할 수 있으며 정신에 해당하는 알고리즘은 분산 저장되어 실제로 영속할 수 있도록 보존할 수 있다.

사실상 운석의 충돌에 의한 행성 지구의 파괴와 같은 사태만 일어나지 않는다면 인간의 핵심을 구성하는 알고리즘은 사실상 영원히 존재할 수 있을 것이다.

그러므로 이 세 번째 경우에는 개인의 종말이란 사실상 일상적인 개념이 되지 않을 수도 있을 것이다. 물론 악한 사람들이 다른 사람들을 강제적으로 죽음에 이르도록 할 수는 있겠지만 말이다.

하지만 이런 세 가지 경우의 인간 상태 모두 인간의 죽음 이후에는 아무것도 남지 않는다는 유물론적 견해에 기초한다. 그렇기 때문에 4차 산업혁명 기술의 발전에 목을 매달고 미래를 기대하는 사람들은 개인에게 다가올 종말을 어떻게든 조금이라도 늦추어보려는 자세를 보일 수밖에 없다.

3. 역사의 종말에 대한, 4차 산업혁명에 근거한, 진화론적 이해

기술의 발전이 인간의 삶을 획기적으로 바꾸어 놓을 것이라는 전망은 인류의 근현대 역사에서 많은 사람이 가지고 있었던 아주 중요한 기본적인 믿음이었던 것으로 생각된다. 사람들은 끊임없이 당시로써는 구현되어 있지 않은 새로운 기술을 상상해냈고, 얼마간 시간이 지나면 상상 속의 그 기술이 실현되곤 했다. 기술 발전의 속도는 사람들의 생각보다 훨씬 빨랐다. 기술의 발전과 그로 인한 세상의 변화에 대해 많은 사람이 기대를 갖고 이야기했지만 그중에서도 특히 레이 커즈와일에 대해서는 특별히 이야기할 필요가 있다.

커즈와일은 '특이점'의 개념을 제시한 것으로 유명하다. 커즈와일은 인간 사회의 기술 발전이 기하급수적으로 이루어지며, 초지능이 나타나면 기술 발전이 더 가속화되다가 어느 시점이 되면 인간이 인지할 수 없을 정도로 기술 발전이 획기적으로 빨라질 것이라고 보았다. 그리고 그 시점을 '특이점'이라 부르고 2045년경이 될 것으로 예측했다. 그는 특이점에 대해 이렇게 말한다.

> 이때야말로 진정 심오한 변화의 시기다. 그래서 나는 2045년을 특이점의 시기로 예상한다. 인간 역량이 심오하게, 돌이킬 수 없는 변환을 맞는 때이다.³

또한, 그는 특이점의 특징에 대해 다음과 같이 말한다.

> 특이점은 생물학적 사고 및 존재와 기술이 융합해 이룬 절정으로서, 여전히 인간적이지만 생물학적 근원을 훌쩍 뛰어넘은 세계를 탄생시킬 것이다. 특이점 이후에는 인간과 기계 사이에, 또는 물리적 현실과 가상현실 사이에 구분이 사라질 것이다.⁴

그때가 되면 인간은 각종 첨단 기술 덕에 불멸의 존재가 될 것이라는 전망도 하며, 실제 세계와 가상 세계 사이의 구분도 사라질 것이라고 말한다. 이러한 커즈와일의 특이점 개념은 인류 역사의 종말에 대한 진화론적 이해의 한 관점을 보여준다.

그런데 커즈와일의 미래에 대한 전망은 여기에서 그치지 않는다. 기술이 생물의 방법론을 터득하는 경지에 이르는 특이점을 지나서

---

3 Kurzweil, 『특이점이 온다』, 183.
4 Kurzweil, 『특이점이 온다』, 27.

기술 문명은 그다음 단계로 넘어간다. 커즈와일은 기술의 발전 단계를 여섯 단계로 구분하는데 특이점이 있는 단계는 5단계이며, 특이점 후에 마지막 6단계가 있다. 이 6단계에서는 비유기체에 장착된 인공지능이 무한히 확장되어 온 우주에 퍼진다고 전망한다. 온 우주에 존재하는 물질과 에너지에 지식이 가득 차게 된다는 것이다.[5] 커즈와일은 이 상태가 특이점과 우주의 궁극적 미래라고 여긴다.

온 우주로 확장된 거대한 인공지능이 우주에 존재하는 모든 물질과 에너지에 가득 차게 되는 상태, 그래서 온 우주의 모든 물질과 에너지가 지식 혹은 일종의 알고리즘에 의해 파악되고 통제되는 상태가 우주의 궁극적 종말 상태라고 보는 것이다.

커즈와일은 마치 전능한 신과 같은 역할을 하는 확장된 인공지능이 우주를 지배할 것이라는 전망을 하고 있으나 그 인공지능이 선하냐 악하냐에 대한 논의는 별도로 전개하지 않는다. 다만 인공지능이 온 세상에 충만할 것이라는 예측을 하고 있는 것이다. 따라서 기술이 온 세상을 지배한다는 점에서 일종의 테크노피아를 예견한다고 볼 수는 있을 것이다.

지적설계에 의해 호모 데우스가 탄생하고, 그 후의 세상은 호모 데우스가 지배하는 세상이 되리라 전망한 하라리의 견해도 커즈와일의 견해와 유사하다. 다만 하라리는 커즈와일이 제시한 기술 진화의 마지막 단계인 6단계에 대해 자세히 주장하지는 않는다. 호모 데우스에 초점을 맞춘 하라리의 주장은 커즈와일의 기술 진화 단계로는 특이점이 나타나는 5단계에 초점을 맞추고 있다.

---

5 Kurzweil, 『특이점이 온다』, 35.

이러한 커즈와일의 역사의 종말에 대한 관점은 비그리스도인들이나 유물론자들에게는 상당히 매력적인 설명으로 들릴 수 있다. 과거로부터 현재까지의 기술 발전의 역사로부터 도출한 수확 체증의 원리를 미래의 역사 전망에도 적용한 커즈와일의 시도는 상당한 설득력이 있다. 그의 주장처럼 분명 앞으로도 기술은 계속 발전할 것이며 현재의 우리가 상상하지 못하는 수준으로 급격하게 발전될 수 있을 것이다.

하지만 우리 그리스도인들은 커즈와일의 시각이 가시적인 세계에 제한되며, 또한 철저히 유물론적인 입장에 서 있다는 것을 항상 염두에 두어야 한다. 그리스도인들은 보이는 것만이 다가 아니라는 것을 안다. 그리스도인들의 장래에 대한 전망은 과거의 경험을 미래로 '외삽'(外揷, extrapolation)함으로 얻는 것이 아니라 하나님이 주신 계시로부터 얻기 때문이다.

4. 그리스도인의 대응

우리 그리스도인들은 4차 산업혁명의 주요 기술들의 발전 추세를 근거로 세상의 미래에 대해 이야기하는 것에 대해 어떤 자세를 가져야 할까?

앞에서 이미 살펴보았듯이 성경이 우리에게 가르쳐주는 종말론은 4차 산업혁명 시대의 유물론적 종말 개념과는 완전히 다르다.

인간 개인의 종말론과 관련하여 유물론에 입각한 4차 산업혁명

신봉자들은 인간 영혼의 존재와 인간의 불멸성을 인정하지 않기 때문에 육체적 소멸을 어떻게든지 늦추려고 하고 일단 육체가 소멸되면 더 이상 인간으로 존재하는 것이 아니라고 여긴다.

그리스도인들은 이렇게 생각하는 유물론자들과 비그리스도인들에게 인간 영혼의 존재에 대해 열심히 알려야 할 것이다. 영혼의 문제를 소홀히 하고 없는 것처럼 여기며 살지 않도록 때를 얻든지 못 얻든지 알려야 할 것이다. 그리고 그 영혼이 구원을 받아야 한다는 것을 또한 함께 알려야 할 것이다.

인류 역사의 종말론과 관련하여 그리스도인들은 기술에 의해 실현될 테크노피아의 세계를 비판적으로 수용해야 한다. 4차 산업혁명은 기술 발전을 가속화할 것이며 우리가 지금 상상하지 못하는 수준으로 향후 발전할 수도 있다. 그러나 역사의 종말이 커즈와일이 예측하는 것처럼 확장된 인공지능이 온 우주에 가득 찬 모습으로 존재하는 상태로 끝날 것인가는 의문이다. 더구나 이런 예측에는 어떠한 도덕적 판단도 포함되어 있지 않다.

우리가 살고 있는 세계는 자연 세계이기도 하지만 하나님의 도덕적 판단의 대상이 되는 세계이기도 하다. 하나님이 처음에 창조하신 세상은 '좋았다'고 평가되었지만, 아담과 하와의 범죄 이후, 그 형벌로 아담과 하와뿐만 아니라 온 피조 세계가 신음하며 고통받고 있다.

하나님은 이 세상을 창조 당시의 선한 모습 이상으로 회복시키기 원하시며 그러한 하나님의 원대한 구속 계획 가운데 인류 역사의 종말도 놓여 있다. 세상의 왕이신 예수 그리스도가 장차 이 땅에 다시 오실 것이며, 모든 죽은 자들을 부활시키시고, 최후의 심판을 하실 것이다. 그 후 피조 세계가 온전히 회복되고 영원한 하나님의 나라가 시작될 것이다.

예수 그리스도를 구주로 영접하고 거듭나지 않은 사람은 그 나라에 들어가지 못한다. 그리스도와 연합된 신자만이 그리스도의 의의 옷을 입고 최후의 심판을 통과하여 영원한 천국에서 말할 수 없는 기쁨과 즐거움 가운데 하나님과 교제하며 살게 될 것이다. 하나님을 믿지 않는 사람은 최후의 심판에서 엄중한 정죄를 당하고 영원한 형벌에 처해진다.

그리스도인들은 이러한 기독교의 종말론을 명확하게 이해하고, 오직 눈에 보이는 과거의 기술 추세에 대한 분석으로부터 미래를 예측하는 유물론적 미래학자들의 주장을 비판하며, 성경이 말하는 종말론을 주장할 수 있어야 할 것이다.

◆ 그룹 스터디를 위한 질문들

1. '테크노피아'라는 말을 들어보았는가? 이것은 어떤 의미가 있는가?

2. 성경은 어떤 종말론을 우리에게 알려주고 있는가?

3. 4차 산업혁명의 기술 발전 추세를 기초로, 미래를 예측하는 유발 하라리나 레이 커즈와일의 견해를 토대로 한다면 개인의 종말에 대해 어떤 관점을 가질 수 있을까?

4. 역사의 종말, 일반적 종말에 대해 레이 커즈와일은 독특한 견해를 제시한다. 그가 말하는 종말은 어떤 특징을 갖는가?

5. 그리스도인들은 4차 산업혁명 시대의 유물론적이며 진화론적인 종말관에 대해 어떻게 대응해야 하는가?

4차
산업혁명과
그리스도인의
삶

제9장

4차 산업혁명 시대의 그리스도인,
막중한 문화적 사명을 부여받다

제9장

4차 산업혁명 시대의 그리스도인, 막중한 문화적 사명을 부여받다

'4차 산업혁명'이란 화두에 대해 많은 그리스도인은 뭔가 낯선 것이 몰려온다는 생각에 막연한 두려움을 느끼기도 한다. 미디어를 통해 접하는 놀라운 첨단 기술들이 한편으로는 신기하면서도 다른 한편으로는 내가 그것을 따라가지 못하여 도태되거나 소외될 것을 우려하는 것이다.

영화나 드라마를 통해 우리에게 다가오는 미래 세계는 인공지능을 가진 로봇이 인간의 능력을 초월하고 인간의 통제를 벗어나 인류를 위협하는 것이 일상이다. 게다가 그리스도인들은 '666'이라는 짐승의 표를 받는 것에 대한 민감한 정서가 있어서 4차 산업혁명 시대의 핵심 기술들의 활용에 대한 미묘한 반감이 있는 것도 사실이다.

여러 기술이 고도로 발전하면서 통합되는 4차 산업혁명 시대에 그리스도인들은 이 세상 문화에 대하여 어떤 관점을 가져야 할 것인가?

우리는 이러한 질문에 대해 나름대로 설명할 수 있는 답을 갖고 있어야 한다. 생각 없이 살면 사는 대로 생각하게 된다. 창조주 하나님이 우리에게 주신 인간의 고유하면서도 고귀한 능력인 '성찰'

능력을 충분히 사용하지 않으면 우리는 인간다운 삶을 제대로 살지 못하는 것이 된다.

이 장은 그리스도인들이 4차 산업혁명이란 문화 현상에 대하여 어떤 관점을 가져야 할 것인가에 대해 다룬다. 필자는 세 가지 질문을 던지고 이에 대해 답하는 방식으로 글을 전개하고자 한다. 그 질문들은 다음과 같다.

① 교회와 세상 문화는 어떤 관계를 갖는가?
② 4차 산업혁명이란 문화 발전의 동인은 무엇인가?
③ 교회는 4차 산업혁명에 대해 어떤 문화적 사명을 갖는가?

1. 교회와 세상 문화와의 관계

먼저, 첫 번째 질문인 교회와 세상 문화의 관계에 대하여 어떤 시각을 가져야 하는지 살펴보자.

'4차 산업혁명'이란 우리가 겪게 될 특별한 문화 현상을 가리키는 용어이다. 로버트 베버(Robert Weber)는 '문화'를 "도구, 언어, 추상적 사유의 체계를 사용하여 지식을 배우고 다음세대로 전달할 수 있는 사람의 능력에 종속하며, 사고와 언어와 행위와 가공물의 형태로 구체화된 인간의 제반 행동 양상과 그 산물"로 정의한다.[1] 이 정의로부터 우리는 문화가 인간의 능력에 종속된 활동이며, '피조된

1　Robert Weber, *The Secular Saint*, 이승구 역,『기독교 문화관』(서울: 토라, 2008), 16.

사물의 질서'와 관련된 행위로, 소위 중립적인 문화 행위라는 것은 있을 수 없다는 것을 유추할 수 있다.

베버는 교회와 문화의 관계를 세 가지로 구분한다.

첫째, '분리 모형'이다.[2]

이 모형의 기본 개념은 그리스도인은 세상 나라보다는 하나님 나라에서 살아야 한다는 것이다. 두 나라에 동시에 거주할 수는 없다는 것이다. 세상 나라가 주는 어떠한 목표나 즐거움도 부인해야 한다는 관점이다. 성경에는 분명히 이런 사례들이 있다. 예를 들어, 노아는 비타협적으로 의를 지켰으며, 아브라함은 본토 친척 아비 집을 떠났으며, 모세는 애굽 왕궁에서의 삶을 버렸다. 4차 산업혁명이란 문화 속에는 노아와 아브라함과 모세가 버렸던 우상 숭배와 음란과 탐욕이 자리 잡고 있는 부분이 적지 않다.

그러므로 4차 산업혁명에 대하여 분리 모형의 입장을 취한다면 우리는 극단적으로는 아미쉬들처럼 살아야 할 것이다. 좀 더 온건하게는, 예를 들어, 4차 산업혁명의 기술의 수용에 대해 소극적이면서 선교 또는 전도를 위해서만 4차 산업혁명의 기술들을 활용하는 입장이 가능할 것이다.

둘째, '동일시 모형'이다.[3]

이 모형은 교회와 세상 문화를 동일시한다. 하나님 나라는 세상 나라와 똑같이 하나님의 통치 아래에 있다. 동일시 모형은 앞서 언급한 분리 모형과는 정반대 개념이다. 세상 나라가 하나님의 나라의

---

[2] Weber, 『기독교 문화관』, 99-141.
[3] Weber, 『기독교 문화관』, 145-187.

원리와 질서를 따라서 움직이기 때문에 이런 상황에서 살아가는 그리스도인은 정신적 분열을 겪지 않는다.

동일시 모형이 가장 완전하게 구현된 상태는 타락 이전의 에덴동산, 그리고 아마도 예수 그리스도의 재림 이후 있을 영원한 천국이 해당될 것이다. 이것은 그리스도인들이 늘 생각하는 이상향이다. 하나님 나라와 세상 나라가 일치하기 때문에 그리스도인들은 두 영역 모두에서 각자의 부르심에 따라 충성스럽게 일하면 된다. 역사적으로 기독교가 국교가 되었던 콘스탄틴 황제 시절의 교회가 이에 해당된다고 볼 수 있다. 루터교가 가지고 있었던 이상도 어느 정도 해당된다고 할 수 있다.

만약 동일시 모형이 적용된다면 4차 산업혁명의 각 기술 분야에서 그리스도인들은 탁월성을 추구해야 한다. 각 영역의 원리를 최선을 다하여 최고의 결과를 산출해내는 것이 미덕이 되며, 그것이 곧 하나님 나라의 확장에 기여하는 것이다.

셋째, '변혁 모형'이다.[4]

하나님 나라와 세상 나라는 중첩되면서도 구분된다. 어거스틴은 신국론에서 하나님의 나라와 세상 나라를 두 도성에 비유하며 씨줄과 날줄처럼 얽혀 있다고 하였다. 변혁 모형은 어거스틴의 이러한 사상을 계승한다. 세상 문화는 구속 또는 회복이 필요한 영역이다. 하나님 나라의 원리가 세상 나라의 각 영역에 침투하여 세상 나라의 문화 전체를 변혁시켜야 한다는 입장이다.

---

4   Weber, 『기독교 문화관』, 191-219.

변혁 모형은 '창조-타락-구속'이라는 기독교 세계관의 기본 틀에 적합한 모형이다. 하나님의 최초 창조는 선했지만, 인간의 범죄로 인간뿐만 아니라 피조 세계 전체가 타락했고 일그러졌으며 신음하고 있다. 예수 그리스도의 구속 사역으로 인한 회복은 범죄를 저지른 인간에 대한 구속만 포함하는 것이 아니다. 사람들 때문에 고통받는 동물과 식물들, 모든 피조물의 회복도 포함한다.

변혁 모형에서 그리스도인들은 동일시 모형에서처럼 낙관적이지만은 않다. 4차 산업혁명의 여러 기술 분야가 한편으로는 하나님의 영광을 드러내는 면이 있으면서도, 다른 한편으로는, 최초 인류의 타락과 원죄 때문에, 하나님을 대적하는 면이 있다는 것을 인식할 수 있어야 한다. 그리고 그리스도인들은 각 분야에서 탁월성을 추구하되 그 탁월성이 하나님을 대적하는 방향으로 나가지 않도록 하여 세상의 각 영역이 하나님에게로 돌아오도록 해야 한다.

베버가 제시한 이 세 가지 구분은 아주 단순하지만, 우리에게 매우 유익한 통찰을 준다.

현재 우리나라의 경우 교회와 세상 문화와의 관계는 어떠하다고 볼 수 있을까?

먼저 교회에 대한 세상의 핍박은 약한 수준이다. 초대교회 시대에 겪었던 박해는 지금은 없다. 교회가 세상과 어울려 살지 못할 정도의 상황은 아니다. 또한, 다양한 종교를 가진 사람들이 함께 어울려 살아가는 다원화된 사회이다. 그리고 그리스도인 인구의 비율이 전혀 낮지 않다. 인구 중에서 다수는 아니지만 여러 종교 인구 중에서는 그 수가 1위이다.

그런 상황이기에 현재 우리나라 상황에 가장 적합한 교회와 문화의 관계 모형은 앞서 언급한 세 가지 모형 중에서 변혁 모형이다. 교회는 4차 산업혁명이 전개되는 세상에 적극적으로 관여해야 한다. 세상의 여러 영역에서 그리스도인들은 탁월하게 일해야 한다. 단지 탁월하게 일하는 것은 비그리스도인들도 할 수 있다.

그러나 하나님의 뜻에 합당하게, 하나님이 요구하시는 도덕적 기준에 맞게 기술 발전과 활용의 경계를 지키며, 해도 되는 것과 하지 말아야 할 것을 지혜롭게 구분하여 일하는 것은 특별히 그리스도인들에게 맡겨진 사명이다. 이렇게 함으로써 그리스도인들은 온 세상을 구속하시는 예수 그리스도의 구속 사역에 동참하게 된다. 물론 그리스도인들에게는 예수 그리스도의 복음 자체를 전하는 일에도 힘써야 한다.

그리스도인들에게는 창세기 1장에서 주어진 아주 큰 명령이 있다. 창세기 1장 28절은 문화명령을 알려준다.

> 하나님이 그들에게 복을 주시며 하나님이 그들에게 이르시되 생육하고 번성하여 땅에 충만하라, 땅을 정복하라, 바다의 물고기와 하늘의 새와 땅에 움직이는 모든 생물을 다스리라 하시니라
> (창 1:28)

세상의 모든 인간은 이 문화명령 아래에 있다. 그리스도인뿐만 아니라 비그리스도인들도 이 문화명령 아래에 있다.

그러나 첫 인류의 범죄 때문에 온 피조 세계가 타락하여 고통 가

운데 있다.

> 그 바라는 것은 피조물도 썩어짐의 종 노릇한 데서 해방되어 하나님의 자녀들의 영광의 자유에 이르는 것이니라 피조물이 다 이제까지 함께 탄식하며 함께 고통을 겪고 있는 것을 우리가 아느니라(롬 8:21-22)

위 성경 구절은 모든 피조 세계의 비참한 상황에 대해 알려준다. 이런 상황에서 참된 회복을 추구할 수 있는 것은 그리스도인들뿐이다. 예수 그리스도의 구속 사역으로 인하여 하나님과의 관계가 회복된 사람, 즉 그리스도인만이 하나님의 뜻을 알고 그에 합당하게 살아갈 수 있다.

2. 4차 산업혁명의 동인

이제 두 번째 질문에 대하여 논의하고자 한다.
"4차 산업혁명이란 문화 발전의 동인은 무엇인가?"
이 질문에 답하기 위해서 4차 산업혁명의 주체가 누구인지, 4차 산업혁명이란 문화 발전의 목적은 무엇인지에 대한 관련 질문들과 함께 논의할 것이다.
첫째, 우리는 '4차 산업혁명의 주체는 누구인가?'라는 질문을 던질 수 있다.

우리는 이 질문에 대해 '하나님'이라고 단정적으로 또는 성급하게 말해서는 곤란하다. 왜냐하면, 하나님이 4차 산업혁명의 주체라고 하면, 4차 산업혁명에서 나타날 여러 가지 악도 하나님이 주체가 되어 버리기 때문이다. 하나님은 결코 악의 조성자가 아니시다.

그렇다면 4차 산업혁명의 주체는 누구인가?

그 주체는 바로 인간이다. 피조 세계의 관리를 위임받은 인류 전체이다. 물론 4차 산업혁명이 하나님과 아무 상관이 없는 것은 아니다. 4차 산업혁명이란 매우 커 보이는 문화 현상도 다 하나님의 작정 안에 있는 것이다. 하나님은 시간을 초월하는 존재이므로 영원 속에서 이 일을 아시며 또한 정하셨다.

하나님이 악의 조성자가 아니므로 하나님을 4차 산업혁명의 주체라고 해서는 안 된다고 하였는데, 그러면 4차 산업혁명에서 나타나는 여러 가지 악이 하나님의 작정이라고 말하는 것은 괜찮으냐고 질문할 수 있다. 이러한 악의 주체는 어디까지나 사람이다.

하나님은 악을 행하지 않는다. 하나님의 작정은 악에 대해서는 '허용적'이라고 표현한다. 하나님의 형상을 따라 만들어졌기에, 선택하고 결정할 수 있는 자유의지를 가진 인간이 의지적으로 악한 일을 끝끝내 하려 할 때, 하나님은 그들의 악행을 억지로 막지 않고 두신다는 점에서 허용적이라고 말한다.

둘째, '4차 산업혁명이란 문화 발전의 목적은 무엇인가?'라는 질문을 할 수 있다.

불신자들은 이 질문에 대하여 답하기가 어려울 것이다. 특히 진화론적 사고방식을 갖고 있는 사람들은 이러한 목적론적 질문에 답하는 것 자체를 싫어할 것이다. 그러나 그리스도인들은 이 질문에 대하여 '하나님의 영광'이라고 답해야 한다. 바벨탑 사건을 보면 거대한 도시와 탑을 건설하고자 한 목적이 '인간의 영광'이었던 것을 볼 수 있다. 창세기 11장 4절에 다음과 같이 기록되어 있다.

> 자, 성읍과 탑을 건설하여 그 탑 꼭대기를 하늘에 닿게 하여 우리 이름을 내고 온 지면에 흩어짐을 면하자(창 11:4)

그들에게 중요한 목적은 자신들의 이름을 유명하게 드러내는 것이었다. 문화 활동을 할 수 있는 능력을 소유한 인간이 자신의 문화 활동을 통해서 추구하는 궁극적 목적은, 그 능력을 주신 분을 드러내는 것이어야 하지 자신의 이름을 드러내는 것이 되어서는 안 된다. 모든 시대의 사람들은 자신의 시대에서 문화 활동을 통해 하나님의 영광을 드러내야 한다.

지금 우리 시대는 4차 산업혁명으로 명명된 문화 발전에 대응되며, 우리는 역사상 다른 모든 세대의 문화 활동이 그랬던 것처럼 4차 산업혁명 역시 하나님의 영광을 유일하고 궁극적인 목적으로 삼아야 한다. 물론 세상 나라는 바벨탑을 쌓은 사람들이 했던 것처럼 '사람의 영광'을 그 자리에 놓으려고 부단히 노력할 것이다.

셋째, '4차 산업혁명이란 문화 발전의 동인은 무엇인가?'라는 질문을 던질 수 있다. 이 동인을 우리는 두 가지로 이야기할 수 있다.

첫 번째 동인은 바로 하나님이 그리스도인과 비그리스도인을 막론하고 인류 전체에 공통으로 베푸시는 호의를 가리키는 '일반은총'

이다. 일반은총에는 죄를 범한 인류에 대한 즉각적 진노와 심판의 시행이 유예되어 돌이킬 기회를 주시는 하나님의 은혜가 포함된다.

또 개인과 사회의 삶 속에서 인간의 존엄성이 완전히 망가질 정도로까지는 죄를 짓지 않도록 억제하시는 은혜가 있다. 모든 사람은 양심을 갖고 있다. 그리고 외형적 선이나 시민적 의를 추구한다. 그리고 현세에서 여러 가지 자연적 복을 누리며 산다. 이런 것들이 없다면 문화는 발전할 수 없다.

두 번째 동인은 하나님의 형상인 인간이 갖는 창조성이다. 인간은 하나님의 형상으로 창조된 인격체로서 창조주 하나님의 창조성을 본받아 소유하고 있는 존재이다. 인간은 피조물인 동시에 모든 피조물 중에서 유일하게 하나님처럼 '인격체'이다. 하나님에 대한 의존성과 독립성이 공존한다.

인간은 하나님처럼 자율적 판단에 따라 독립적으로 세상의 질서를 만들어가고자 하는 존재이다. 하나님이 특별히 인간에게만 주신 이 창조성이 인간이 문화를 창조하는 존재가 되게 하신 것이다. 따라서 신자든 불신자이든 4차 산업혁명이란 문화 발전에 무엇인가 기여하고자 하는 동기가 일어나게 되는 것이다.

물론 신자와 불신자가 궁극적으로 평가받는 것에는 차이가 있게 된다. 이 두 집단이 만들어내는 창조물은 불신자의 창조물이든 신자의 창조물이든 하나님께 영광이 될 수 있다. 그러나 창조 행위를 하는 불신자 자신은 하나님께 영광이 되지 못하며 오직 신자들만 하나님께 영광이 된다. 이는 신자들만 특별은총을 받기 때문이다.

3. 그리스도인의 문화적 사명

마지막으로, '4차 산업혁명 시대에 그리스도인들이 감당해야 할 문화적 사명은 무엇인가'라는 질문에 대해 논의한다. 이에 대해서는 일반적인 지침들 몇 가지를 먼저 기술하고, 이어서 대표적인 기술 분야별로 몇 가지 사항을 다루고자 한다.

먼저, 앞서 논의한 여러 내용을 종합하여 4차 산업혁명 시대 그리스도인의 문화적 사명에 대한 일반적인 지침들을 정리하면 다음과 같이 말할 수 있다.

① 4차 산업혁명 시대의 모든 문화 활동의 목적은 오직 하나님의 영광이어야 한다.
② 그리스도인들은 선한 문화적 산물을 적극적으로 그리고 탁월하게 창출하기 위해 노력해야 한다.
③ 비그리스도인들이 창출한 문화적 산물 중에서 선한 것들의 보존과 활용에 힘써야 한다.
④ 비그리스도인들이 창출한 악한 문화적 산물에 대해서는 비판하고 제거하는 일에 힘써야 한다.
⑤ 비그리스도인들에게 복음 자체를 전달하는 일에 힘써야 한다.
⑥ 세상을 판단하는 올바른 기준을 제시해야 한다.
⑦ 하나님에 대한 경외와 참된 예배가 회복되도록 해야 한다.
⑧ 동료 인간들의 행복한 삶에 기여하도록 해야 한다.
⑨ 모든 피조 세계가 회복되고 아름답게 보존되도록 해야 한다.

예를 들어, 그리스도인들은 4차 산업혁명 관련 기술의 적용 때문에 소수의 능력자가 더 큰 힘을 갖고, 과거에는 필요한 일꾼이었던 중간 계층의 사람들이 일자리를 잃고 저임금 아르바이트나 프리랜서로 일을 해야 하는 상황으로 몰리고 있다. 평균적인 수준의 일자리는 빠른 속도로 사라지고 있다. 많은 사람이 실직하는 일이 불가피해지고 있다.[5] 그리스도인들은 이런 양극화와 일자리 감소 현상에 대해 특별히 더 문제의식을 느끼고 대처해야 한다.

이제 4차 산업혁명의 주요 기술 중 로봇, 인공지능, 사물인터넷, 의학/생물학의 네 가지 분야에 대해서 그리스도인의 문화적 사명에 대해 조금 더 구체적으로 논의하고자 한다. 물론 여기서 이 주제들에 대하여 충분하게 다룰 수는 없고 간략하게 기술할 것이다.

첫째, 로봇 기술 분야에 대하여 그리스도인들이 주의해야 할 사항들은 다음과 같은 것들이 있을 수 있다.

로봇의 종류는 대략 스마트 팩토리 로봇, 친구 로봇, 전투 로봇, 인간의 신체적 약점을 보완하는 로봇 등 네 종류로 구분할 수 있다.

기술적 측면에서는 스마트 팩토리 로봇과 인간의 신체적 약점을 보완하는 로봇 기술 개발에는 적극적으로 참여할 필요가 있으며, 친구 로봇의 기술 개발에는 비판적으로 참여할 필요가 있고, 전투 로봇의 기술 개발에는 최소한의 참여가 요청된다.

기타 측면에서는 로봇에 의해 일자리를 잃는 사람들에 대한 대책을 마련해야 하며, 친구 로봇이 대체하는 '친구 노릇'을 가능한 한

---

[5] Tyler Cowen, *Average is Over*, 신승미 역, 『4차 산업혁명 강력한 인간의 시대』(서울: 이퍼블릭, 2017), 75-99.

사람이 채워줄 수 있도록 노력해야 하고, 외관이 인간과 똑같은 로봇을 만드는 것은 지양해야 한다.

둘째, 인공지능 기술 분야에 대해서는 다음과 같은 사항들에 유의해야 한다.

4차 산업혁명의 주요 기술 중에서도 가장 중요한 기술이므로 그리스도인들이 이 기술 분야에서 국외자가 되면 안 된다. 가능한 한 다양한 분야의 인공지능 기술 개발에 적극적으로 참여하여 선두에 설 수 있도록 해야 한다. 인공지능과 관련된 뇌과학이나 인지과학 연구에도 적극적으로 참여하여 인공지능과 관련된 최고의 전문가 집단에 포함되어 기술 개발의 주도권을 갖도록 노력할 필요가 있다.

왜냐하면, 인공지능 기술이 사회의 미칠 영향은 실로 예측하기 어렵기 때문이다. 사람들은 인공지능의 기능에 대해 편리함을 느끼면서도 한편으로는 인공지능의 능력이 고도로 발전하여 인간을 위협하지 않을까 하는 두려움을 갖고 있다. 윤리적으로 문제가 없는 인공지능의 개발, 인공지능이 인간의 통제를 벗어나지 않도록 하는 일은 너무나 중요한 문제이며 그리스도인들이 특히 이러한 주제들에 대해 기독교 세계관에 따라 판단 기준을 제시할 수 있어야 한다.

셋째, 사물인터넷 기술 분야에 대하여 유의할 사항들을 간단히 말하면 다음과 같다.

먼저 기술적 측면에서는 그리스도인들이 다양한 종류의 사물인터넷 기술 개발에 적극적으로 참여하고, 모든 사물을 연결하는 통합 네트워크 형성에 노력할 필요가 있다. 사물인터넷을 통하여 삶의 질이 높아지고 생산성이 향상되도록 해야 한다.

기타 측면에서는 막강하게 통합된 사물인터넷 네트워크를 특정 세력이 장악하지 못하도록 견제하는 역할을 해야 한다. 사물인터넷 기술은 사람을 돈벌이 수단과 돈벌이 대상으로 만들어버리는 경향이 있다. 사물인터넷 네트워크에서의 보안 문제는 특히 더 중요하다. 그리스도인들이 갖는 엄격한 도덕적 기준이 없으면 사물인터넷 네트워크는 탐욕으로 가득 찬 세계가 될 것이다.

넷째, 의·생물학 분야 역시 4차 산업혁명의 중요한 기술 분야로 그리스도인들은 이에 대해서 특별한 책임감을 느껴야 한다.

근래에 이루어진 유전공학과 생체공학의 발전은 정말 놀라운 수준이다. 인간 게놈 프로젝트가 완료되었고 인간의 유전자 정보를 이용한 질병 예방과 치료가 나날이 발전하고 있다. 더 놀라운 것은 유전자를 편집할 수 있는 획기적인 기술이 개발되고 유전자 조작이 쉬워졌다는 것이다. 그리스도인들이 이러한 놀라운 기술 발전의 주류에 들어가 있을 수 있도록 해야 한다. 인간 게놈 프로젝트의 총책임자인 프란시스 콜린스는 그리스도인으로 잘 알려져 있다.

생체공학 기술도 마찬가지이다. 이런 기술들의 발전에 적극적으로 참여하고 주도하는 역할을 맡기를 바란다. 특히 의·생물학 분야는 윤리적인 문제가 첨예하게 대두되는 부분이 많다. 사람의 생명을 귀하게 여기도록, 인간의 존엄성을 지킬 수 있도록, 인간 유전자 정보를 상업적으로 독점하지 못하도록 법과 제도를 만드는 등 풀어야 할 과제가 산적해 있다. 이런 부분에 있어서 그리스도인들이 뒤로 물러서지 말고 적극적으로 참여하여 기술 발전이 선한 창조가 될 수 있도록 해야 할 것이다.

◆ 그룹 스터디를 위한 질문들

1. 4차 산업혁명이라는 문화와 교회가 어떤 관계를 갖는지 논의할 때, 참고할 수 있는 교회와 문화의 관계에 대한 세 가지 모형은 무엇인가?

2. 4차 산업혁명이란 문화 발전의 주체는 누구인가?

3. 4차 산업혁명이란 문화 발전의 목적은 무엇인가?

4. 4차 산업혁명이란 문화 발전의 동인은 무엇인가?

5. 4차 산업혁명 시대에 그리스도인들이 감당해야 할 일반적인 문화적 사명은 무엇인가?

6. 4차 산업혁명의 주요 기술 분야에서 그리스도인들이 감당해야 할 문화적 사명은 무엇인가? 로봇 분야, 인공지능 분야를 예로 들어 논의해 보라.

4차
산업혁명과
그리스도인의
삶

제10장

4차 산업혁명 시대,
스마트 선교가 시작되다

제10장

4차 산업혁명 시대, 스마트 선교가 시작되다

너희는 가서 모든 민족을 제자로 삼아 (마 28:19)

지상명령은 그동안 타문화권, 타민족 선교에 헌신한 많은 선교사를 움직인 명령이다. 그동안 타문화권에 가서 타민족과 함께 어울려 살며 복음을 전하고 교회를 세우는 일에 수많은 선교사가 참여했다.

그런데 4차 산업혁명은 선교에서도 새로운 지평을 열어주고 있다. 이는 4차 산업혁명으로 인해 사람들의 삶의 모습이 크게 변화되는 것과 관련된다. 과거에는 복음화율이 낮은 타문화권 지역에 직접 가야만 타민족과의 접촉이 가능했고 복음의 씨앗을 뿌릴 수 있었다.

그러나 이제는 선교의 대상이 되는 타문화권 지역들도 인터넷으로 연결되어 선교사가 현지에 직접 가서 계속 거주하지 않아도 복음을 전할 수 있는 수단이 생겼다. 물론 현지에 가서 거주하며 선교하는 선교사가 필요 없어졌다는 말은 아니다. 여전히 현장 선교사가 필요하다. 그러나 타문화권 지역에 직접 가지 않고서도 현장 선교사와 협력하며 선교 사역을 효과적으로 할 수 있는 상황이 된 것이다.

게다가 현재 우리나라에는 과거와 달리 타민족들이 아주 많이 들어와 살고 있다. 이들은 대부분 우리가 타문화권 선교의 대상으로 여기는 지역에서 온 민족들이다. 따라서 전방과 후방의 간격이 예전보다는 훨씬 작아졌다고 하겠다.

그리고 또 한 가지 중요한 변화가 있다. 그것은 바로 우리 민족 자체가 선교의 대상이 되어야 한다는 인식의 변화이다. 한국의 교회들은 지금 쇠락해가고 있다. 고령화가 심하고, 주일학교 인원은 급속하게 감소하고 있다. 그래서 한국 교회의 미래가 매우 암울하다고 많은 사람이 말한다.

그런데 4차 산업혁명과 같은 기술 변화에 교회의 어른들은 잘 따라가지 못하지만, 청년들이나 주일학교 학생 계층은 잘 따라가기 때문에 어른들과 차세대 간에는 문화적 이질성이 발생한다. 그래서 사실상 같은 한국어를 사용하는 같은 한민족이긴 하지만 기성세대와 다음세대 간에 상당한 문화적 격차가 존재한다. 약간 과장해서 표현하자면 기성세대 입장에서 볼 때 다음세대는 타문화권에 사는 사람들이다.

1. 4차 산업혁명과 제4의 선교 물결

론 베이미(Ron Boehme)는 근대 선교의 역사적 패러다임을 4가지로 구분한 바 있다. 그는 선교의 제1의 물결은 해안 지역 선교

(1730년대-1850년대),[1] 제2의 물결을 내지 선교(1850년대-1930년대),[2] 제3의 물결을 미전도 종족 선교(1930년대-현재)[3]로 구분한다. 그리고 제4의 물결이 갖는 특징을 7가지로 설명한다.

① 모든 연령대가 선교에 참여한다는 것이다.
　이전까지 선교 사역은 주로 청년이나 장년 남녀 위주로 이루어졌으나 현재의 추세는 어린이나 청소년, 노년 계층의 선교 사역 참여가 많이 늘어나고 있다는 것이다.[4]
② 모든 국적의 사람들이 선교에 참여한다는 것이다.
　이전까지는 제1의 물결에는 유럽인들이, 제2의 물결과 제3의 물결에는 미국인들이 주였다면 제4의 물결에서는 제3 세계 국가들을 비롯한 다양한 국가들이 대거 참여한다는 점이 큰 특징이다.[5]
③ 세상 모든 사람에게 선교한다는 것이다.
　전 세계의 주요 선교 단체들은 미전도 종족과 복음화율이 여전히 낮은 종족들을 대상으로 전략적인 선교를 하고 있다. 즉, 세상의 어떤 종족도 복음을 듣지 못하고 소외되지 않게 하려고 노력하고 있다는 것이다.[6]

1　Ron Boehme, *The Fourth Wave: Taking Your Place in the New Era of Missions*, 안정임 역, 『제4의 선교 물결』 (고양: 예수전도단, 2017), 99.
2　Boehme, 『제4의 선교 물결』, 117.
3　Boehme, 『제4의 선교 물결』, 139.
4　Boehme, 『제4의 선교 물결』, 199-204.
5　Boehme, 『제4의 선교 물결』, 207-212.
6　Boehme, 『제4의 선교 물결』, 215-220.

④ 혁신적인 첨단 기술을 대거 활용한다는 점이다.

이미 오래전부터 사용해 왔던 라디오, TV, 영화 같은 것 외에도 컴퓨터, 인터넷, 모바일 기기 등을 활용하여 복음을 전하거나, 성경을 번역하거나, 상담을 진행하거나, 선교 사역을 전략적으로 계획하고 추진할 수 있게 되었다.[7]

⑤ 인터넷 커뮤니티를 기반으로 친밀한 관계를 맺고 복음을 전하는 활동이 중요해진다는 점이다.

특히 많은 사람이 가상 세계에서 생활하며 연결되어 있으므로 '사이버 전도'라고 할 수 있는 활동들이 더 많이 필요해지고 있다.[8]

⑥ 단순히 복음만 전하는 것이 아니라 삶의 모든 영역에서 하나님 나라가 온전하게 이루어지기를 지향한다는 점이다.

가정, 종교, 교육, 대중매체, 예술과 운동, 경제, 정부 등과 같은 사회를 구성하는 모든 영역에서 하나님의 나라가 임하고 온전함을 회복하도록 하는 일이 있어야 한다는 것이다.[9]

⑦ 모든 성도가 선교사가 된다는 점이다.

과거에는 외국을 오가기가 어려웠고, 미전도종족에 대한 정보도 부족했으며, 현지 사정이 열악했고, 어린이, 청소년, 노인들이 사역할 수 있는 분야가 제한적이어서 주로 전임 선교사들이 감당해야만 하는 일이었지만 이제는 누구나 쉽게 선교

---

7 Boehme, 『제4의 선교 물결』, 223-236.
8 Boehme, 『제4의 선교 물결』, 239-249.
9 Boehme, 『제4의 선교 물결』, 249-267.

사역을 감당할 수 있게 되었다.[10]

베이미가 제4의 선교 물결 시대의 특징으로 제시한 7가지는 4차 산업혁명 시대의 선교에 대한 우리의 이해를 넓혀준다. 4차 산업혁명의 기술이 가져다주는 혜택들이 새로운 선교 시대가 열리는 것과 밀접한 관련이 있는 것이다.

2. 어떤 선교 과업을 중요하게 여겨야 하는가?

4차 산업혁명 시대의 선교 활동에서는 어떤 선교 과업을 중요하게 여겨야 할 것인가 논의할 필요가 있다. 크레이그 오트(Craig Ott), 스테판 스트라우스(Stephen J. Strauss), 티모시 테넌트(Timothy C. Tennent)는 선교 과업의 특성을 '선포와 회심,' '교회 개척과 성장,' '문명화와 도덕적 개선,' '자선, 인간화, 해방' 등의 4가지로 구분하였다.[11]

① '선포와 회심'에 초점을 맞추는 선교는 선교 대상자들의 개인적 결단과 신앙고백을 도출하는 것을 중요시한다.
신속한 복음 전달을 강조하고 즉각적인 회심 반응을 중요하게 여기므로 교회 공동체와 함께 하는 성장이 잘 이루어지지 못

---

10 Boehme, 『제4의 선교 물결』, 269-274.
11 Craig Ott, Stephen J. Strauss, and Timothy C. Tennent, *Encountering Theology of Mission*, 김동화, 문상철, 변진석, 손석원, 윤철원, 엄주연, 이태웅, 최형근, 홍기영, 홍용표 역, 『선교신학』 (부천: 존스북, 2012), 164-212.

한다. 복음 자체를 전달하고 결신하여 개인적인 구원을 얻는 것 외에 다른 사회적 이슈는 중요하게 여겨지지 않는다.

② '교회 개척과 성장'에 초점을 맞추는 선교는 단지 개인에게 복음을 전하고 회심을 낳는 것뿐 아니라 여러 명의 회심자가 모여서 지속해서 신앙생활을 할 수 있는 교회 공동체를 세우는 것을 중요시한다. 이 방식은 첫 번째 방식의 선교 사역을 사실상 포함하면서도 기독교로 개종한 사람들이 함께 의지하며 살아갈 수 있도록 하므로 보다 바람직하다.

③ '문명화와 도덕적 개선'에 초점을 맞추는 선교는 문명의 발전이 뒤처져 있는 선교 대상 종족에게 선진국이 갖고 있는 문명을 전수하는 것을 중요시한다. 학교와 병원을 세우는 일이 이런 방식에서 중요한 선교 사역이다.

④ '자선, 인간화, 해방'에 초점을 맞추는 선교는 실제적인 구제, 투쟁을 통한 약자의 권리 확보, 정치적인 자유의 획득 등과 같은 일을 중요시한다.

당장에 먹고사는 문제가 해결되지 않는 사람들을 위한 식량 제공, 사람들을 억압하고 착취하는 독재자로부터의 해방, 그래서 기본적인 인권을 보호받는 삶을 살도록 하는 것이 이 방식에서 중요하게 여겨진다.

이러한 선교 과업 중에서 어떤 것에 초점을 맞추어야 할까?

물론 그중에서도 가장 중요한 것은 두 번째인 '교회 개척과 성장'이라고 할 수 있겠다. 하지만 위의 4가지는 정도의 차이는 있을지라도 선교지의 상황에 따라서 선교 과업에 어느 정도는 포함되어야 한다.

그런 관점에서 대두된 선교 개념이 바로 '총체적 선교'이다.[12] 총체적 선교란 복음만을 전하는 사역 외에 선교 대상자들의 현지에서의 삶의 여러 필요를 채워주는 사회적 행위들을 통해 그들의 삶을 개선하는 일도 함께함으로써 복음을 듣고 영혼의 구원을 얻을 뿐만 아니라 그들의 삶 자체도 온전해지는 것을 추구하는 선교 개념이다.

이 두 가지 중에서 전자가 결정적으로 중요하며, 후자는 전자가 없이는 사실상 의미가 없다. 그러나 선교사가 전자만 추구해서는 안 되며 후자도 반드시 함께 추구해야 한다는 것이 이 관점이 갖는 균형적인 태도다.

이러한 총체적 선교의 개념을 갖는 것은 하나님의 영광을 위하여 수고하는 모든 선교사에게 꼭 필요하다. 우리가 선교 사역을 하는 목적은 오직 '하나님의 영광'을 추구하는 것에 있다. 우리의 선교 사역은 하나님의 영광을 위한 것이 아니면 아무런 의미가 없다.

그러면 하나님의 영광을 추구하는 선교 사역이란 어떤 것이어야 하는가?

우리는 이에 대한 답을 찾기 위해 성경에 계시되어 있는 두 가지 명령에 주목할 필요가 있다.

첫 번째 명령은 창세기 1장 28절에 기록된 내용으로 문화명령 또는 창조명령으로 불린다. 이 명령은 그리스도인 여부를 막론하고 모든 인류에게 주어진 명령이다.

두 번째 명령은 마태복음 28장 19-20절에 기록된 내용으로 지상

---

12 Ott et al., 『선교신학』, 213-232.

명령, 대위임령, 복음명령, 전도명령 등으로 불린다. 이 명령은 특별히 그리스도인들에게 주어진 것이다. 문화명령은 하나님이 창조하신 세상을 온전한 모습으로 유지하며 발전시켜 나가는 것에 대한 명령인데, 타락한 이후의 세상에 대해서 그리스도인은 특히 일그러진 세상을 온전하게 변화시키는 일에 노력을 기울여야 한다. 지상명령은 복음을 전함으로 영적인 사망 상태에 있는 죄인들을 거듭나게 하고 교회 공동체의 일원이 되도록 만들어가는 것에 대한 명령인데, 특히 그리스도인들이 이 일에 관심을 갖고 힘을 써야 한다.

그런데 하나님의 영광을 추구하는 선교 사역에 있어서 이 두 가지는 같이 가야 한다. 하나님을 알지 못하는 선교 대상자에게 복음을 전하여 그들 중 어떤 사람들이 그리스도인이 된다면 그 일을 통해 하나님의 영광이 드러날 것이다. 그러나 만약 그 사람들이 가난과 불의한 상황에 처해 있는 것을 보면서도 영혼의 구원은 얻은 것만으로 만족하고 그들의 삶을 돌보지 않는다면 그것은 하나님의 영광을 가리는 일이 된다.

반대로 선교지에 식량을 지원하고, 학교와 병원을 세우고, IT 교육센터나 IT 교수 요원으로 사역함으로써 선교 대상자들이 삶의 질을 개선하는 일을 하는 것도 하나님의 영광을 드러내는 일이다. 이런 수고는 선교 대상자들이 우호적인 마음을 갖고 복음을 접할 수 있는 접촉점을 확대하는 데도 크게 도움이 된다.

물론 선교 사역의 절정은 그리스도인 제자를 얻는 데 있으므로 개종자가 많이 나타나면 좋을 것이다. 그러나 우리는 많은 선교지에서 단 한 명의 개종자를 얻는 것도 어려운 경우를 적지 않게 접한다. 왜냐하면, 영혼의 거듭남은 우리의 수고에 달려 있지 않기 때문이다.

하나님이 선교사들에게 요구하시는 것은 문화명령과 지상명령을 일관되게 충성스럽게 수행하는 것이지, 수많은 영혼을 직접 거듭나게 하는 것이 아님을 명심해야 한다. 오랜 기간 동안 수고롭게 사역하고 나서 개종자를 많이 얻지 못한 것 때문에 자신의 과거 사역에 회의를 느끼는 경우가 종종 발생한다. 그러나 그것은 바람직하지 않다.

3. 4차 산업혁명 시대에 요구되는 선교 과업

그런데 타문화권 선교 사역에 있어서 4차 산업혁명 시대이기 때문에 과거와 비교하여 특별히 달라지는 요구 사항이 있는 것일까?

과거에도 타문화권 선교 사역에서는 선교사 파송 국가와 선교 대상 국가 간의 경제적 수준의 격차, 의료 수준의 격차, 교육 인프라 수준의 격차, 정보화 수준의 격차 같은 것을 최대한 활용하는 방식으로 선교 사역이 이루어져 왔다. 이에 대하여 우리는 공통점도 있고 차이점도 있다는 것을 알아야 한다.

먼저 공통점에 대해서 생각해보자.

4차 산업혁명 시대라 하더라고 과거와 연속성을 갖는 특징은 분명히 존재한다.

첫째, '격차'가 있다는 점에서 과거의 선교 환경과 4차 산업혁명 시대의 선교 환경은 공통점을 갖는다.

4차 산업혁명 시대를 선도하는 국가는 대체로 선교 대상 국가들보다 기술 수준이 월등하게 앞서며 둘 사이에는 경제적으로 큰 격차가 있다. 이는 우리가 여전히 과거와 같은 방식으로 격차를 이용할 수 있다는 것을 의미한다. 이러한 격차가 없다면 타문화권 선교를 한다는 것은 엄청난 비용을 치러야 하는 일이 되어 현재 규모에 비하면 매우 작은 규모로 축소될 수밖에 없을 것이다. 하지만 이 격차가 여전히 존재하기 때문에 우리는 적은 비용, 적은 지식, 약간의 기술을 갖고서도 선교 사역을 영향력 있게 할 수 있다.

　둘째, 선교 대상 국가와 종족들의 복음화율은 여전히 낮으므로 여전히 선교가 필요하다.

　그러므로 주요한 선교사 파송 국가들은 선교 대상 지역에 선교사를 파송하는 일에 계속해서 노력해야 한다. 여전히 선교사와 선교 사역 후원자를 발굴하고 동원하는 일에 힘써야 한다. 이 일은 간과되어서는 안 된다. 타문화권 선교 사역이 어려운 일이기 때문에 가는 선교를 자원하는 선교사가 줄어들고 있다. 4차 산업혁명의 주요 기술 발전 때문에 마치 현장 선교사가 장래에는 없어도 될 것 같은 전망을 보여주기도 한다.

　예를 들어, 성경 번역을 주된 사역으로 하는 선교사가 통·번역 기술의 발전으로 필요 없게 될 것이라는 전망 같은 것이다. 그러나 선교 대상 지역에 직접 가서 현지인들과 함께 살며 그리스도의 제자를 만드는 사역은 절대 없어지지 않고 계속 요구될 것이다.

　다음으로 차이점에 대해 생각해보자.

　4차 산업혁명이라는 전대미문의 변화가 가져오는 독특한 차이,

과거와 불연속적인 특징도 분명히 존재한다. 이런 불연속성과 관련된 선교 과업의 요구 사항은 다음과 같은 것들을 고려할 수 있다.

첫째, 선교 대상 지역의 수많은 사람은 4차 산업혁명 시대에 많은 선진국에서 누리고 있는 첨단 기술의 혜택을 여전히 누리지 못한다.

사물인터넷, 인공지능, 로봇, 무인자동차, 드론, 스마트시티, 의공학 등의 발전은 여전히 먼 나라 이야기일 뿐이다. 게다가 이런 기술들은 각각 개별적으로 사용되기도 하지만 여러 기술이 통합되어 사용될 때 훨씬 더 강력한 효과를 발휘한다. 그러나 많은 선교지의 현황은 그런 것을 기대할 수 없다.

따라서 문화명령의 수행과 총체적 선교의 관점에서 이런 기술들을 이전하여 현지 인재들을 양성하고 기술 수준을 높이는 사역을 전개하는 것이 요구된다 하겠다. 이것은 단지 선교사의 신분 보장을 위한 수단으로써 뿐만 아니라 실제로 해당 기술의 영역에서 현지 사회에 기여하는 것이 된다.

둘째, 승자 독식 현상이 심해지고, 빈부 격차가 과거에 비해 더욱 확대되는 상황을 조금이라도 완화하기 위한 노력을 해야 하는 것이 요구된다.

이것은 앞서 언급한 첫 번째 요구 사항과 중복되는 면이 있지만 4차 산업혁명이 갖는 독특한 특징 때문에 별도로 언급할 필요가 있다고 생각된다. 4차 산업혁명 시대는 로봇과 인공지능이 산업 전 분야에 광범위하게 사용되면서 일자리가 현저하게 줄어들어 저임금을 무기로 산업을 발전시켜온 개도국들은 심각한 타격을 입게 된다.

반대로 선진국의 선도 기업들은 노동력을 많이 사용하지 않고도 막대한 부를 획득할 수 있다. 그래서 사실상 개도국이 다수를 차지하는 선교 대상 국가들은 과거보다 상대적으로 더욱 열등한 환경에 처하게 될 가능성이 있기 때문이다.

셋째, 타문화권 선교 사역을 하는 데 도움을 줄 수 있는 기술들이 4차 산업혁명 시대에 점점 더 많이 개발되고 있다.

타문화권 선교 사역에 있어서 늘 가장 큰 장벽이 되었던 것이 언어 문제라 할 수 있다. 그런데 구글이 개발하여 제공하고 있는 번역 서비스나 순차 통역 서비스를 제공하는 픽셀 버즈 같은 기술이 이런 장벽을 낮추고 있다.

물론 현지인처럼 현지 언어를 습득하여 선교 사역을 하는 것이 가장 좋겠지만 이런 첨단 기술들은 파송 선교사의 초기 정착 과정에서나 또는 단기선교팀의 사역에 상당한 도움을 줄 수 있다. FMnC 선교회가 개발하여 제공하고 있는 비전트립앱도 수십 개 언어로의 통역 기능을 제공하여 선교 사역을 매우 효과적으로 지원해준다.

넷째, 과거에 전문인 선교사들의 전형적인 사역 모형이었던 병원, 학교, 영어/한국어 학원, 컴퓨터 교육센터, 대학의 교수 요원 등과 같은 것들 외에도 4차 산업혁명의 주요 기술들과 관련된 직종들이 전문인 선교사들의 새로운 사역 모형으로 대두되고 있다. 선교 대상 국가들은 선진국들로부터 4차 산업혁명의 주요 기술들을 이전 받고 싶어 하기 때문에 이러한 전문 기술을 가진 사람들은 전문인 선교사로 사역하기가 쉬울 것이다.

다섯째, 4차 산업혁명 시대에는 인간이 창조한 가상 세계의 의미와 중요성이 매우 크게 대두된다.

선교하기 위해서는 선교 대상자들이 어디에 있는지를 파악해야 하며 그들과 접촉할 방안을 찾아야 한다. 그런데 세상은 이제 모두 연결되어 있다고 해도 과언이 아니다. 이렇게 인터넷으로 모두 연결되기 전에는 어디에 가서 누구를 만나 선교를 해야 하는지 자체를 알기가 어려웠다.

그러나 이제는 심지어 선교 대상 국가에 직접 가 있지 않아도 그들이 참여하고 있는 가상 세계의 소재를 알아내기만 하면 그들의 가상 세계에 들어가 그들과 관계를 맺을 수 있다. 따라서 제4의 선교 물결 개념에서 베이미가 이야기한 것처럼 '언제나,' '어디서나,' '누구나' 타문화권 선교에 참여할 수 있게 되었다.

그런데 4차 산업혁명 시대가 가져온 초연결성 때문에 E3 전도에 해당하는 과거의 전통적인 타문화권 선교 외에 E1 전도와 E2 전도의 중요성이 부각되고 있다. 베이미의 구분에 의하면 최근까지의 제3의 선교 물결은 미전도 종족 선교에 초점을 맞추어 진행되어 왔다.

그러나 제4의 선교 물결 시대에는 전방과 후방, 미전도종족과 기전도종족의 차이가 적어지고, 선교 관련 데이터 분석 결과를 쉽게 활용할 수 있게 됨에 따라 타문화권 전방 선교뿐만 아니라 동일 문화권 후방 선교의 필요성도 함께 강조되고 있는 것이다.

특히 우리나라는 교회의 고속 성장기를 지나 정점에 이르렀다가 쇠퇴하는 추세에 들어가면서 '다음세대를 향한 선교'라는 개념이 대두되고 있다. 우리나라의 다음세대는 기성세대와 동일 문화권에 속해 있으면서도 세대 차이가 상당히 커서 사실상 E2 전도의 대상으로 보아도 무방할 것이다. 특히 다음세대는 4차 산업혁명의 기술과 그로 인한 사회 변화에 익숙한 편으로 상대적으로 그렇지 않은 기성세대와는 상당한 문화적 차이를 보이고 있다. 그래서 우리는 그동안 우리가 너무나도 익숙해져 있었던 '멀리 있는 미전도종족 선교'라는 개념에만 집착하는 것이 아니라 '가까이 있는 다음세대 선교'에도 관심을 갖게 된 것이다.

4차 산업혁명 시대에 가상 세계의 발전은 놀라울 따름이다. 가상 세계의 발전은 과거에는 멀리 있었던 타문화권 선교 대상자들을 바로 옆에 있는 것처럼 접촉할 수 있는 길을 열었는데, 그것과 동시에 동일 문화권에 있는 불신자들을 선교 대상자로 쉽게 설정할 수 있는 길도 함께 열어주었다.

누구나 가상 세계에 들어와 있으며, 선진국일수록 가상 세계 의존도가 더 높은 상황이어서 선교에 뜻이 있는 사람들이 사람들을 많이 만날 수 있는 가장 좋은 장소는 물리적인 어떤 장소가 아니라 바로 가상 세계라는 것을 많은 사람이 인식하기 시작하였다.

이러한 새로운 선교 과업들을 포괄하여 우리는 '스마트 선교'라는 이름을 붙일 수 있을 것이다. 4차 산업혁명의 여러 주요 기술들이 IT를 이용해 적용되기 때문에 'IT 선교'라는 이름을 붙일 수도 있을 것이다. 명칭을 'IT 선교'라고 하던, '스마트 선교'라고 하던 그것은 덜 중요한 문제이다. 명칭이 무엇인가와는 관계없이 그 명칭이 가리키는 새로운 선교 과업은 분명히 존재하기 때문이다.

다만 이 책에서는 편의상 이러한 새로운 선교 과업을 '스마트 선교'라고 부르고자 한다. 4차 산업혁명 시대에는 새로운 선교, 스마트 선교가 부상하고 있다. 이제는 전통적인 선교뿐만 아니라 스마트 선교에도 많은 관심을 가져야 한다.

    선교하려면 사람을 만나야 하고 사람을 만나려면 가상 세계에 들어가면 된다. 이 때문에 언제나, 어디서나, 누구나 선교할 수 있는 길이 열린 것이다. 우리는 이러한 기회의 창이 열려 있을 때 이를 하나님의 영광을 위해 적극적으로 활용해야 할 것이다.

4. 4차 산업혁명 시대의 선교는 쉬울까, 어려울까?

    4차 산업혁명 시대의 선교는 과거에 비해서 쉬워질 것인가 아니면 더 어려워질 것인가?

    앞의 여러 장에서 이미 이와 관련된 내용을 다루었다.

    먼저 선교가 쉽게 되는 측면이 분명히 있다. 각종 기술을 활용하여 과거에는 쉽게 만날 수 없었던 사람과 이제는 쉽게 커뮤니케이션할 수 있게 되었다. 4차 산업혁명의 기술 발전을 희망하는 선교 대상 국가들에 전문인 선교사들이 들어가기가 훨씬 수월해질 것이다.

    그러나 반대로 선교가 더 어려워질 수 있는 측면도 있다. 4차 산업혁명의 놀라운 기술 발전에 따라 사람들이 기술에 대하여 큰 기대를 갖고 기술을 숭상하는 길로 빠질 수 있음을 우리는 충분히 예상할 수 있다. 하나님이 없는 사람들, 유물론자들은 기술 발전에 의한 천국을 꿈꾸며 교회에 대적할 것이다.

    4차 산업혁명 시대에 발전될 기술의 수준은 과거에는 하나님이나 가능했을 법한 일을 인간이 하게 함으로 하나님을 끌어내릴 것이다.

사람들은 별로 아쉬울 것이 없는 삶을 살게 될 것이다. 그런 면에서 미래의 선교는 과거보다 더 어려워질 수 있다.

하지만 우리가 걱정할 필요는 없다. 우리의 선교는 하나님이 주신 문화명령과 지상명령에 순종하는 것으로 족하기 때문이다. 거센 저항이 있어도, 어쩌면 거대한 핍박이 닥치더라도, 그래서 우리의 모든 삶을 던진 희생에도 불구하고 단 한 명의 개종자도 얻지 못할지라도, 우리가 하나님의 부르심에 순종하기만 했다면 그것만으로도 하나님을 영화롭게 하는 삶을 살았다고 평가받을 수 있기 때문이다.

◆ 그룹 스터디를 위한 질문들

1. 제4의 선교 물결이란 무엇인가? 론 베이미는 제4의 선교 물결이 어떤 특징을 갖고 있다고 말하는가?

2. 선교 과업의 전형적인 4가지 형태는 무엇인가? 그중에서 어떤 것이 가장 중요하다고 생각하는가?

3. 총체적 선교란 무엇인가? 왜 총체적 선교가 중요한가?

4. 4차 산업혁명으로 인해 선교 과업에 어떤 영향이 있을 것으로 생각되는가?

5. 스마트 선교란 무엇인가? 왜 스마트 선교가 중요하게 부각 될까?

6. 4차 산업혁명 시대에 우리는 어떻게 선교해야 할까?

4차
산업혁명과
그리스도인의
삶

제11장

4차 산업혁명,
두려워하지 말고
그리스도의 충만을 구하라

제11장

4차 산업혁명,
두려워하지 말고 그리스도의 충만을 구하라

4차 산업혁명 시대라는 이전과는 다른 특징을 가진 새로운 시대가 시작되고 있다. 그런데 4차 산업혁명에 대해 교회가 보이는 반응 중의 하나는 '두려움'인 것 같다. 기술의 획기적인 발전과 이로 인한 사회의 변화를 보통 사람들이 따라가기에는 쉽지 않을 수 있기 때문이다. 미래에 대한 불확실성, 전문화된 기술들을 잘 알지 못하는 데서 오는 불안감 같은 것들이 빠르게 변하는 세상에 대해 두려움을 느끼게 하는 것이다. 그러나 그리스도인들은 그러한 두려움을 떨쳐 버리고 오히려 세상이 그리스도를 두려워하도록 만들어야 한다.

이천여 년 전에도 새로운 시대가 오고 있다는 것을 외치던 사람이 있었다. 로마 제국의 지배를 받고 있던 유대 민족은 하나님의 구원을 고대하고 있었다. 세례 요한은 "천국이 가까이 왔느니라"라고 하며 새로운 시대가 열리고 있음을 선포하였다. 물론 세례 요한의 선포를 당시에는 대부분 사람이 이해하지 못했다.

그러나 곧이어 예수 그리스도의 사역이 시작되고 십자가에서의 대속의 죽음과 부활, 승천, 그리고 성령 강림이라는 구속사적 큰 사건들이 일어나면서, 세례 요한이 선포했던 '천국'이 무엇인지 밝히 드러났다. 그리고 그 천국의 모든 권세와 소유가 예수 그리스도에게 있다. 요한복음의 저자 요한은 다음과 같이 예수 그리스도에 대해 기록하고 있다.

> ⁹참 빛 곧 세상에 와서 각 사람에게 비추는 빛이 있었나니 ¹⁰그가 세상에 계셨으며 세상은 그로 말미암아 지은 바 되었으되 세상이 그를 알지 못하였고 ¹¹자기 땅에 오매 자기 백성이 영접하지 아니하였으나 ¹²영접하는 자 곧 그 이름을 믿는 자들에게는 하나님의 자녀가 되는 권세를 주셨으니 ¹³이는 혈통으로나 육정으로나 사람의 뜻으로 나지 아니하고 오직 하나님으로부터 난 자들이니라 ¹⁴말씀이 육신이 되어 우리 가운데 거하시매 우리가 그의 영광을 보니 아버지의 독생자의 영광이요 은혜와 진리가 충만하더라 ¹⁵요한이 그에 대하여 증언하여 외쳐 이르되 내가 전에 말하기를 내 뒤에 오시는 이가 나보다 앞선 것은 나보다 먼저 계심이라 한 것이 이 사람을 가리킴이라 하니라 ¹⁶우리가 다 그의 충만한 데서 받으니 은혜 위에 은혜로라(요 1:9-16)

위 성경 말씀은 크게 세 가지 점을 이야기하고 있다. 첫 번째는 9-11절로, '참 빛'이 세상에 왔으나 세상은 그 빛을 알지 못했다는 것이다. 두 번째는 12-13절로, 영접하는 자들에게는 하나님의 자녀가 되는 권세를 주셨다는 것이다. 세 번째는 14-16절로, 은혜와 진리가 충만한 그리스도의 충만한 데서 우리가 받는다는 것이다.

이 세 가지, 즉 '참 빛이 세상에 왔다,' '영접하는 자들에게는 하나님의 자녀가 되는 권세를 주셨다,' '하나님의 자녀들은 은혜와 진리가 충만한 그리스도의 충만한 데서 받는다'는 세 가지 이야기는 우리 편에서 볼 때 성경의 모든 내용 중에서 가장 중요한 내용이라 할 수 있다. 그런데 이 세 가지 진리의 말씀은 4차 산업혁명 시대에도 여전히 신자들에게 가장 중요한 성경 이야기가 될 것이다.

1. 세상은 '참 빛'을 알지 못했고, 알려고 하지 않는다

첫 번째로, 참 빛이 세상에 왔으나 세상은 그 빛을 알지 못했다는 점에 대해 살펴보자.

9절은 "참 빛 곧 세상에 와서 각 사람에게 비추는 빛이 있었다"라고 말한다. 또 10절은 "그가 세상에 계셨다"라고 하며 "세상이 그로 말미암아 지은 바 되었다"라고도 말한다. 그럼에도 불구하고 "세상이 그를 알지 못하였다"라고 말한다. 9절과 10절에서 '세상'이라는 말이 4번이나 반복된다. 세상은 그리스도에 의해 만들어졌지만, 자신의 근원이 되는 창조주를 알아보지 못하였다. 더 나아가 11절에서는 "자기 땅에 오매 자기 백성이 영접하지 아니하였다"라고 말한다. 여기서 '자기 땅'은 유대 땅을 말하며, '자기 백성'은 유대 민족을 가리킨다.

성자 하나님께서 인간의 몸을 입고 메시아의 직분을 갖고 세상에 오셨을 때, 세상은 그리스도를 영접하지 않았다. 심지어 '자기 땅'의

'자기 백성'들도 그리스도를 영접하지 않고 오히려 핍박하고 죽였다. 물론 세상의 모든 사람이 그리스도를 몰라본 것은 아니다. 예수님의 부모인 요셉과 마리아, 세례 요한의 부모인 엘리사벳과 제사장 사가랴, 그리고 세례 요한, 그리고 얼마간의 제자들이 그리스도를 알아보고 영접하였다.

그러나 세상은 전체적으로 볼 때 그리스도에게 호의적이지 않았고 그리스도를 영접하지 않았다. 세상은 그리스도의 가르침과 그리스도의 이적들을 접했으면서도 하나님의 나라가 도래한 것을 믿지 않고 그 나라를 거부했다. 세상은 그리스도를 하나님 나라의 통치자로 받아들이지 않았다.

4차 산업혁명 시대의 지금 세상도 세례 요한의 시대 못지않게 그리스도를 영접하는 것과는 거리가 멀 수 있다. 4차 산업혁명 시대는 세례 요한의 시대가 갖고 있었던 메시아에 대한 고대가 현저히 약화된 시대다. 그리스도의 부활 승천 이후 재림을 기다리는 기간이 2천 년이나 지나고 있다. 커즈와일은 "특이점이 가까이 왔느니라"라고 말하며 마지막 때를 기다린다.

4차 산업혁명 시대에는 인간으로서는 별로 아쉬울 것이 없는 세상이 전개되고 있다. 우리나라는 유사 이래 가장 부유한 시대를 맞고 있고 세계의 주요 국가들도 마찬가지이다. 수십 년 전에 내로라 하는 전자회사들이 부르짖던 '테크노피아'의 세계가 이제는 실제로 눈앞에 다가온 듯하다.

4차 산업혁명 시대는 마가복음 4장에 나오는 '씨 뿌리는 자'의 비유를 현실로 만들고 있다. 거기에 보면 좋은 땅에 떨어져서 30배,

60배, 100배가 된다는 이야기가 있다.[1]

그런데 실제로 자신의 삶에서 이처럼 30배, 60배, 100배의 결실을 경험한 적이 있는가?

우리의 삶에서 이런 대박 사건을 경험하기는 쉽지 않다. 그런데 4차 산업혁명은 적지 않은 사람들에게 이런 대박을 안겨줄 수 있다.

스타트업 벤처를 하면 자산이 이런 방식으로 불어날 수 있다. 창업 멤버로 처음에 액면가 500원짜리로 시작한 주식이 몇 년 지나 코스닥 상장 직전에는 30배가 된다. 그리고 코스닥에 상장하면 곧 60배가 되고 얼마 뒤에는 100배가 되는 일이 일어난다. 현실 세계에서 실제로 30배, 60배, 100배의 결실이 나타나는 현상을 4차 산업혁명 관련 기업들에서 많이 찾아볼 수 있다.

그런데 이런 상황에서 굳이 그리스도를 찾을 이유가 있겠는가?

사회적으로 안정되고, 전쟁의 위험도 낮고, 경제적으로 풍요하고, 자기 마음대로 무엇이든 할 수 있는 자유가 보장된 삶을 살고 있는 사람들, 아쉬울 것이 없는 삶을 사는 사람들이 과연 그리스도를 필요로 할까?

4차 산업혁명이 앞으로 우리가 사는 세상에 초래할 변화는 지금까지 우리가 경험한 것과는 비교할 수 없는 수준의 큰 변화일 것으로 예상한다. 세상은 4차 산업혁명에 대해 엄청나게 큰 관심을 기울이고 있다. 그리고 그 관심에 비례하여 엄청난 규모의 돈을 쏟아 붓고 있다. 또 그 돈을 따라서 수많은 사람과 기업들이 4차 산업혁명

---

[1] "더러는 좋은 땅에 떨어지매 자라 무성하여 결실하였으니 삼십 배나 육십 배나 백 배가 되었느니라 하시고"(막 4:8).

과 관련된 기회를 잡으려고 질주하고 있다.

그런 세상이 그리스도를 주목하기는 절대 쉽지 않을 것이다. 그리스도의 초림 때에, 세례 요한이 아무리 외쳐도 별로 주목하지 않았던 것처럼, '자기 땅'에 있는 '자기 백성'도 그리스도를 영접하지 않은 것처럼, 그리스도의 재림을 앞둔 지금도 세상은 그다지 그리스도를 주목하고 영접하고자 하지 않을 것이다.

2. 영접하는 자들은 하나님의 자녀가 되는 권세를 갖는다

두 번째로, '영접하는 자' 곧 '그 이름을 믿는 자'들에게는 하나님께서 특별한 권세를 주셨다. 그것은 바로 '하나님의 자녀'가 되는 권세이다. 하나님의 자녀가 되는 일은 세례 요한의 시대에도 있었지만 4차 산업혁명 시대에도 마찬가지로 계속 일어난다. 그러나 세례 요한의 시대에 그리스도를 영접하는 사람들이 많지 않았던 것처럼 4차 산업혁명 시대에도 그 수는 많지 않을 것이다.

4차 산업혁명이 가져다주는 30배, 60배, 100배의 결실과 하나님의 자녀가 되는 권세 두 가지 중에서 어느 것이 사람들의 마음을 더 잘 사로잡을 수 있겠는가?

만약 3배, 6배, 10배 정도라면 하나님의 자녀가 되는 권세와 둘 중에서 하나를 선택하라면 어쩌면 하나님의 자녀가 되는 권세를 선택할지도 모르겠다. 그러나 3배, 6배, 10배가 아니라 30배, 60배, 100배이다.

4차 산업혁명의 기술들은 현세에서의 삶과 만족을 극대화하는 데 초점이 맞추어져 있다. 4차 산업혁명의 주요 기술 중에서 우리가 성경을 통해서 알고 있는 역사의 종말 끝에 있는 내세, 영원한 세상까지도 고려하여 기술의 잠재력 실현을 극대화하는 경우는 단언컨대 하나도 없다. 기독교가 그 존재의 실제를 믿으며 신자들이라면 속히 들어가기를 원하는 영원한 천국을 위해서 사용되는 4차 산업혁명 관련 기술은 하나도 없는 것이다. 4차 산업혁명의 기술들은 어디까지나 현세에 충실하다.

문제는 4차 산업혁명은 지금, 바로 이 땅에서, 사람들에게, 손에 쥐어지는 30배, 60배, 100배의 결실을 주는 반면에, 그리스도를 영접하는 사람들에게 주어지는 '하나님의 자녀가 되는 권세'는 가시적으로 손에 쥐어지는 것이 아니라는 점이다.

그러나 신자들은 '하나님의 자녀가 되는 권세'를 지금 당장 내 손에 쥐어지는 30배, 60배, 100배의 결실보다 더 귀중하게 여겨야 한다. 하나님의 자녀가 된다는 것은 성부 하나님에 대하여 성자 예수 그리스도와 같은 입장에 선다는 것을 의미한다. 신자들은 예수 그리스도와 마찬가지로 하나님을 아버지라 부른다. '하나님의 자녀가 되는 것'을 '양자 됨'이라고 하는데 이 양자 됨은 하나님께서 죄인을 의롭다고 선언하시는 '칭의'와 함께 하나님의 모든 소유를 상속할 정당한 상속권을 가진 자녀로 법적인 신분이 변화되는 것이다.

그러므로 '하나님의 자녀'가 된 사람들에게 하나님께서는 그리스도와 함께 하나님의 유산을 공동으로 상속받을 수 있도록 해 주신다. 그리고 이에 대한 보증으로 성령을 우리의 마음에 주셨다. 고린

도후서 1장 22절에는 "그가 또한 우리에게 인치시고 보증으로 우리 마음에 성령을 주셨느니라"고 기록하고 있다.

스타트업 벤처를 처음 시작하는 멤버들이 액면가 500원짜리 주식을 갖고 시작하는 것처럼, 하나님께서는 그리스도를 처음 영접하는 모든 사람에게 성령을 주신다. 이 성령은 그리스도를 대신하는 그리스도의 영이다. 또한, 성령은 그리스도께서 십자가에서 희생 제사로 드리며, 무한한 가치를 가진 그리스도의 핏값을 치르고 사신 것이다. 그리스도께서 무한한 대가를 치르셨기 때문에 우리는 액면가 무한대짜리 주식을 갖고 있는 것과 같다. 이러한 성령이 그리스도의 영으로 세상에 오셔서 신자들의 마음속에 들어와 계신다.

그리스도를 영접할 때에 성령이 우리 안에 내주하신다. 이 때문에 단지 현세에서의 30배, 60배, 100배가 아니라, 우리에게는 전혀 가능할 수 없는 하나님 나라의 무한한 소유를 받게 되는 혁명적인 일이 일어나는 것이다. 500원짜리 주식이 30배, 60배, 100배가 되는 일이 있어도 세상이 살 만하고, 내 뜻대로 되는 것처럼 생각된다. 그러나 하나님의 자녀들에게는 영원하고 무한한 하나님의 유업을 그리스도와 함께 나누어 받을 권리가 주어진 것이다.

그러므로 세상이 주는 30배, 60배, 100배의 투자 수익에 눈멀어 하나님의 나라를 유업으로 받는 것을 포기하는 일은 없어야 할 것이다. 세상은 영적인 눈이 멀어 있어 그리스도를 여전히 부인하고 배척할 것이지만, 신자들은 하나님의 자녀가 되는 권세를 붙들어야 할 것이다.

3. 그리스도의 충만으로부터 우리는 모든 좋은 것을 받는다

세 번째로, 신자들이 받는 모든 좋은 것은 바로 그리스도의 충만으로부터 나온다. 14절은 인성을 취하여 이 세상에 오신 그리스도께 성부 하나님 독생자의 영광이 있으며 은혜와 진리가 충만하다고 설명한다. 그리스도께는 '은혜'와 '진리'가 충만하다. 이 충만이 누구에게 있느냐가 아주 중요하다. 이 충만은 오직 그리스도께만 있다. 그래서 우리는 이것을 '그리스도의 충만'이라고 부른다.[2]

부활 승천하신 후 하나님의 보좌 우편에서 세상을 다스리고 계시는 예수 그리스도는 성부 하나님의 모든 유업을 갖고 계신다. 16절에서 "우리가 다 그의 충만한 데서 받으니"라고 하는 진술은 사업하는 사람들로 치자면 가장 핵심적인 '비즈니스 모델'이 무엇인가를 알게 해 준다.

그리스도인들의 비즈니스 모델은 '그의 충만한 데서 받는 것'이다. 신자들에게는 어떤 더 나은 다른 모델은 없다. 오직 그리스도와 연합된 상태에서 그리스도께 있는 그리스도의 충만한 데서 우리에게로 전달되는 모든 좋은 것을 받는 것밖에 없다.

신자들은 이 그리스도의 충만으로부터 '하나님의 자녀'에 합당한 소유를 받는다. '충만'이라는 말 자체가 '은혜와 진리' 같은 어떤 내용을 뜻하기도 하고, 한편으로는 좋은 것들이 모두 가득하게 들어있는 용기를 의미하기도 한다. 그래서 '그리스도의 충만한 데서 받는

---

[2] 이윤석, "그리스도의 충만과 성화: 존 머레이의 주장을 중심으로," 「한국개혁신학」 55 (2017): 284-290.

다'나 '그리스도의 충만을 받는다'나 같은 의미로 볼 수 있다.

중요한 것은 신자에게는 '그리스도의 충만'이 30배, 60배, 100배의 결실을 가능하게 하는 복의 근원이라는 점이다. 물론 신자들도 세상이 추구하는 것처럼 30배, 60배, 100배의 투자 수익을 가져다 줄 기술이나 스타트업 회사를 찾는 일에도 힘을 써도 된다. 그러나 그러면서도 항상 영원한 수익을 가져다줄 '그리스도의 충만'을 받는 모델에 집중해야만 한다.

그리스도인들은 잘 들여다보아야 한다. 잘 들여다보지 않으면 4차 산업혁명이 가져다줄 30배, 60배, 100배의 투자 수익에 눈이 멀어서, 그것과 비교할 수없이 막대하고 영원한 소유를 가져다줄 하나님의 비즈니스 모델을 붙잡지 못할 수 있기 때문이다.

12년 전, 한 작은 개척교회에서 전도사로 있을 때 교회 앞에 '세상의 유일한 소망 예수'라는 문구를 넣은 현수막을 달아놓았었다.

우리에게는 분명 예수 그리스도가 '세상의 유일한 소망'으로 보이지만 세상은 예수 그리스도를 과연 그렇게 보겠는가?

12년 전 그때도 '세상의 유일한 소망 예수'라는 현수막은 세상에 비해 참 작아 보였다. 그런데 지금은 그것이 더 작게 보이는 듯하다.

그러나 그것이 정답이다. 세상은 정답을 가지고 있지 않으면서도 정답을 갖고 있는 우리에게 너희가 가진 답이 정답이 아니라고 말한다. 그럼에도 불구하고 우리는 잊지 말아야 한다. 그리스도인들은 '그의 충만한 데서' 받는다. 이것 외에는 하나님의 유업을 받을 방법이 없다.

4. 탁월하신 예수 그리스도를 의뢰하라

예수 그리스도는 기독교 신학의 정수에 해당한다. 기독교에서 예수 그리스도를 빼면 그것은 기독교가 아니다. 유대인들이 자녀 세대에 유대교 문화와 전통을 철저하게 교육하며 유대교를 전수하지만 그들의 교육에는 예수 그리스도가 빠져 있다. 그러므로 그들의 종교는 전혀 기독교가 아니다.

기독교는 예수 그리스도를 빼고서는 성립되지 않는다. 그래서 많은 학자와 목사들이 예수 그리스도의 탁월성에 대해 이야기하곤 했다. 이처럼 많은 칭송을 받아온 예수 그리스도의 탁월하심에 대하여 4차 산업혁명 시대에도 우리는 계속해서 주장할 수 있다.

예수 그리스도는 왜 탁월한가?

어떤 면에서 탁월한가?

성경은 우리에게 이런 질문들에 대해 충분한 답변을 제공해준다.

첫째, 예수 그리스도는 성자 하나님으로서 성부 하나님과 본질이 같고 동일한 권능과 영광을 갖는 존재라는 점에서 탁월하다.

예수 그리스도는 "보이지 아니하는 하나님의 형상이시오 모든 피조물보다 먼저 나신 이"(골 1:15)로 묘사된다. 요한 역시 예수 그리스도에 대하여 "본래 하나님을 본 사람이 없으되 아버지 품 속에 있는 독생하신 하나님이 나타내셨느니라"(요 1:18)고 설명한다. 예수 그리스도는 하나님이며, 성부 하나님을 정확하게 드러내는 형상이다. 이런 말씀들은 예수 그리스도의 신성을 강력하게 증거한다.

둘째, 예수 그리스도는 성령으로 잉태되어 온전한 인성을 취하셨으나 죄가 없다는 점에서 탁월하다.

예수 그리스도는 우리와 같이 영혼과 육체를 취하셨다. 그러나 그는 죄가 없다.

> 우리에게 있는 대제사장은 우리의 연약함을 동정하지 못하실 이가 아니요 모든 일에 우리와 똑같이 시험을 받으신 이로되 죄는 없으시니라(히 4:16)

셋째, 예수 그리스도는 하나님임에도 불구하고 스스로 자신을 낮추어 인성을 취하셨을 뿐 아니라 십자가에서 죽기까지 순종하셨다는 점에서 탁월하다.

> 그는 근본 하나님의 본체시나 하나님과 동등됨을 취할 것으로 여기지 아니하시고 오히려 자기를 비워 종의 형체를 가지사 사람들과 같이 되셨고 사람의 모양으로 나타나사 자기를 낮추시고 죽기까지 복종하셨으니 곧 십자가에 죽으심이라(빌 2:6-8)

넷째, 예수 그리스도가 십자가에 달린 사건은 영원한 대제사장이 죄가 없고 무한한 가치를 가진 자신의 몸을 제물로 드린 제사이며, 인류가 가진 무수한 죄의 값을 모두 청산하고도 남을만한 효과를 낳았다는 점에서 탁월하다.

다섯째, 예수 그리스도가 자신의 몸을 제물로 드린 순종의 제사를 성부 하나님이 기뻐하시고, 예수 그리스도를 부활하게 하시며 세상을 왕으로 통치할 권한과 구원하기로 선택된 사람들을 모두 예수 그리스도에게 주셨기 때문에 성부 하나님으로부터 받을 수 있는 모든 은혜와 진리가 예수 그리스도 안에 충만하다는 점에서 탁월하다.

여섯째, 예수 그리스도는 승천 이후 하나님의 보좌 우편에서 세상을 다스리시며, '그리스도의 영' 또는 '진리의 영'으로 불리는 '성령'을 세상에 보내어 자신의 희생 제사를 통해 성부 하나님으로 받은 인류의 구속과 관련된 모든 은혜를 구원받을 각 사람에게 나누어 주게 하셨다는 점에서 탁월하다.

우리 그리스도인들은 그리스도와 연합된 사람들이다. 그리스도와의 연합 네트워크는 탁월한 그리스도가 중심에 있으므로 탁월한 네트워크가 된다. 그리스도인들은 바로 이 탁월한 그리스도를 의뢰하면 된다.

5. 두려워하지 말고 그리스도의 충만을 구하라

그리스도인들은 4차 산업혁명이라는 거대한 변화의 물결에 대해 막연하게 두려움을 가질 필요가 없다. 이 기술혁명이 대단하지 않다는 말이 아니다. 4차 산업혁명은 정말 대단하다. 우리는 앞으로 역사상 인류가 여태껏 경험하지 못했던 전대미문의 광경을 보게 될 것이다. 그러나 그것을 두려움으로 맞이하지 않기를 바라는 것이다.

신자와 불신자를 막론하고 4차 산업혁명으로 인해 커다란 사회상의 변화를 겪게 될 것이다. 분명 인류를 행복하게 만들어줄 많은 기술적 진보가 있을 것이다. 그러나 그 와중에 그리스도인들은 유물론자들, 그리스도를 대적하는 자들과 치열한 싸움을 치러야 할 것이다. 4차 산업혁명의 기술이 발전하면 발전할수록 그리스도를 대적하는 이들의 공격도 매섭고 아주 위협적일 것이다.

그에 비해 우리가 가진 것은 너무도 보잘것없고 무능력하게 생각될 수 있다. 그러나 그럴 때 그리스도인들은 잊지 말아야 할 것이 있다. 예수 그리스도가 이 세상의 왕이라는 것을, 그리고 예수 그리스도가 모든 것을 갖고 있다는 것을 말이다. 우리는 바로 이러한 예수 그리스도의 '충만'으로부터 모든 좋은 것을 받는 존재이다.

그러므로 세상에 대해 두려워하지 말고 주 예수 그리스도를 신뢰하며 안심하고 다가올 미래를 준비하되 예수 그리스도의 '충만'을 구하라.

그리스도인이 아닌 사람들도 구하는 4차 산업혁명의 주요한 기술들을 따라가는 것은 물론이거니와 오히려 각 기술 분야에서 선도적인 역할을 감당할 수 있으면 더 좋을 것이다. 그러나 그리스도인들은 그것만으로는 안 된다. 그리스도인들은 예수 그리스도로부터 세상과 싸워 이길 수 있는 천국의 자산을 받아야 한다. 그것을 받아야만 하나님을 대적하고 자기 자신의 영광을 구하는 세상의 활동을 제어할 수 있다.

◆ 그룹 스터디를 위한 질문들

1. 4차 산업혁명에 대한 그리스도인들의 여러 반응 중에 가장 중요한 것 하나가 바로 '두려움'이다. 당신은 어떤가? 각자의 생각을 나누어 보라.

2. 4차 산업혁명 시대의 여러 기술은 사람들에게 30배, 60배, 100배의 이익을 얻을 많은 기회를 제공하고 있다. 그렇기 때문에 그리스도를 영접하고자 하는 마음이 열리기가 더 어려워질 것으로 예상하는데 당신의 생각은 어떠한가?

3. 4차 산업혁명의 기술들은 현세에서 30배, 60배, 100배의 수익을 가져다줄 수 있다. 그리스도를 영접하는 자들은 내세에서 영원한 하나님의 나라를 소유를 받는다. 이 두 가지 중에 어느 것이 내게 더 소중한가?

4. 그리스도인들이 모든 좋은 것을 받는 원천은 바로 '그리스도의 충만'이다. 그리스도인들이 하나님 나라의 백성으로 추구해야 할 궁극의 비즈니스 모델은 무엇인가?

5. 그리스도인들이 꼭 붙들어야 할 예수 그리스도는 왜 탁월하신가? 그리스도인들이 4차 산업혁명이라는 전대미문의 변화를 두려워하지 않을 이유가 무엇인가?

참고문헌

김정태. "4차 산업혁명과 더불어 직면하게 될 보안 이슈."「Future Horizon」 33. 2017.

박성원. "'인간 2.0' 시각에서 본 4차 산업혁명의 의미."「동향과 전망」 100. 2017.

서철원.『인간, 하나님의 형상』. 서울: 총신대학교출판부, 2007.

양승훈.『창조와 격변』(개정판). 서울: 예영커뮤니케이션, 2010.

이승협. "4차 산업혁명과 노동의 변화."「Future Horizon」 33. 2017.

이영미, 이윤석. "4차 산업혁명 시대, 코딩 기술과 교회 교육."「신앙과 학문」 23/2. 2018.

이윤석. "그리스도의 충만과 성화: 존 머레이의 주장을 중심으로."「한국개혁신학」 55. 2017.

이종관. "4차 산업혁명의 본질적 가치를 위해 가야할 길."「Future Horizon」 34. 2017.

장필성. "2016 다보스포럼: 다가오는 4차 산업혁명에 대한 우리의 전략은."「과학기술정책」 26/2. 2016.

전명수. "정보화사회와 종교문화의 변용-교회의 인터넷 활용과 그 의의를 중심으로."「종교연구」 33. 2003.

창조경제연구회.『4차 산업혁명의 일자리 진화』. 서울: 창조경제연구회, 2017.

최홍석.『인간론』. 서울: 개혁주의신행협회, 2005.

Averbeck, Richard E., Todd S. Beall, C. John Collins, Jud Davis, Victor P. Hamilton, Tremper Longman III, Kenneth J. Turner, and John H. Walton. *Reading Genesis 1-2: An Evangelical Conversation*. 최정호 역.『창조 기사 논쟁』. 서울: 새물결플러스, 2016.

Bavinck, Herman. *Gereformeerde Dogmatiek*. Vol. 2. 박태현 역.『개혁교의학 2』. 서울: 부흥과개혁사, 2011.

Berkhof, Louis. *Systematic Theology*. 권수경, 이상원 역.『벌코프 조직신학』. 서울: 크리스챤 다이제스트, 2000.

Boehme, Ron. *The Fourth Wave: Taking Your Place in the New Era of Missions*. 안정임 역.『제4의 선교 물결』. 고양: 예수전도단, 2017.

Cowen, Tyler. *Average is Over*. 신승미 역.『4차 산업혁명 강력한 인간의 시대』. 서울: 이퍼블릭, 2017.

Harari, Yuval N. *Sapiens: A Brief History of Humankind*. 조현욱 역.『사피엔스』. 파주: 김영사, 2015.

_____. *Homo Deus: A Brief History of Tomorrow*. 김명주 역.『호모 데우스』. 파주: 김영사, 2017.

Hoekema, Anthony A. *Created in God's Image*. Grand Rapids: Eerdmans Publishing Company, 1986.

Horton, Michael. *The Christian Faith*. 이용중 역.『언약적 관점에서 본 개혁주의 조직신학』. 서울: 부흥과개혁사, 2012.

KBS <명견만리> 제작팀.『명견만리: 정치, 생애, 직업, 탐구 편』. 서울: 인플루앤셜, 2017.

Kurzweil, Ray. *The Singularity is Near*. 김명남, 장시형 역.『특이점이 온다』. 파주: 김영사, 2007.

Lamoureux, Denis O., John H. Walton, C. John Collins, William Barrick, Gregory A. Boyd, and Philip G. Ryken. *Four View on the Historical Adam*. 김광남 역.『아담의 역사성 논쟁』. 서울: 새물결플러스, 2015.

Ott, Craig, Stephen J. Strauss, and Timothy C. Tennent. *Encountering Theology of*

Mission. 김동화, 문상철, 변진석, 손석원, 윤철원, 엄주연, 이태웅, 최형근, 홍기영, 홍용표 역. 『선교신학』. 부천: 존스북, 2012.

Rau, Gerald. *Mapping the Origins Debate*. 한국기독과학자회 역. 『한눈에 보는 기원 논쟁』. 서울: 새물결플러스, 2016.

Reymond, Robert L. *A New Systematic Theology of the Christian Faith*. 나용화, 손주철, 안명준, 조영천 역. 『최신 조직신학』. 서울: CLC, 2010.

Schwab, Klaus. *The Fourth Industrial Revolution*. 송경진 역. 『클라우스 슈밥의 제4차 산업혁명』. 서울: 새로운현재, 2016.

Weber, Robert. *The Secular Saint*. 이승구 역. 『기독교 문화관』. 서울: 토라, 2008.